RUSSISCHE GRAMMATIK
rundum verständlich

Ernst-Georg Kirschbaum

Russische Grammatik – rundum verständlich

Verfasst von Ernst-Georg Kirschbaum
Muttersprachliche Durchsicht: Rima Breitsprecher
Beratung: Christine Heyer

Redaktion: Regina Riemann

Layoutkonzept: Wladimir Perlin
Layout: Marion Rackwitz
Illustrationen: Joachim Gottwald

www.cornelsen.de
www.vwv.de

Bibliografische Information
Die Deutsche Bibliothek verzeichnet diese Publikation in der deutschen Nationalbibliografie; detaillierte bibliografische Daten sind im Internet über http://dnb.ddb.de abrufbar.

1. Auflage, 2. Druck 2007/06

Druck: Offizin Andersen Nexö Leipzig

ISBN 987-3-06-120093-0

 Inhalt gedruckt auf säurefreiem Papier aus nachhaltiger Forstwirtschaft.

Die Laute und die Buchstaben

Das russische *Lautsystem* weist gegenüber dem deutschen einige Besonderheiten auf, z. B.:

- Das Deutsche hat in betonter Silbe mehr *Vokale* als das Russische.
- Im Deutschen unterscheidet man in betonter Silbe kurze und lange Vokale. Im Russischen gibt es diese Unterscheidung nicht.
- Das Russische hat mehr *Konsonanten* als das Deutsche. Vielen harten Konsonanten — die deutschen Konsonanten entsprechen — stehen weiche Konsonanten gegenüber.

Um die russischen Laute auch schriftlich möglichst genau wiederzugeben, wird in diesem Abschnitt eine *Lautschrift* (oder phonetische Transkription) verwendet. Hierfür werden vorwiegend Buchstaben des russischen Alphabets verwendet. Dadurch können Unterschiede zwischen Laut- und Schriftbild verdeutlicht werden.

Zusätzlich werden folgende Zeichen verwendet:

[ ] Eckige Klammern schließen die Lautschrift ein. In Umschrift wird nur die zu behandelnde lautliche Erscheinung, nicht das ganze Wort, angegeben.

’ Das Häkchen bezeichnet die Weichheit des davorstehenden Konsonanten, z. B.: мяч: [м’а]ч, мать: ма[т’].

_ Der Strich zwischen zwei Wörtern weist darauf hin, dass die beiden wie *ein* Wort ausgesprochen werden, z. B.: с_братом: [зб]ра́том.

[ə] Das Zeichen benennt einen sehr kurzen Laut in einer unbetonten Silbe: Er entspricht etwa deutschem *e* in Tasse.

Stimmführung (Intonation) in Sätzen ↗ **223–227**

Das russische Alphabet

Druck-schrift		Schreib-schrift		Buchstaben-name	Wiedergabe im Deutschen	Beispiele
А	а	*A*	*a*	а	a	Áнна – <u>A</u>nna
Б	б	*Б*	*б*	бэ	b	Борúс – <u>B</u>oris
В	в	*B*	*в*	вэ	w	Вéра – <u>W</u>era
Г	г	*Г*	*г*	гэ	g	Григóрий – <u>G</u>rigori
Д	д	*Д*	*д*	дэ	d	Дáрья – <u>D</u>arja
Е	е	*E*	*e*	е	je	Елéна – <u>Je</u>lena
					e *nach Kons.*	Евгéний – Jewg<u>e</u>ni
Ё	ё[1]	*Ё*	*ё*	ё	jo	Пётр – P<u>jo</u>tr
					o *nach* ш, ж, ч, щ	Горбачёв – Gorbatsch<u>o</u>w *Fam.*
Ж	ж	*Ж*	*ж*	же	sch *oder* sh	Жýков – <u>S(c)h</u>ukow *Fam.*
З	з	*З*	*з*	зэ	s	Зúна – <u>S</u>ina
И	и	*И*	*и*	и	i	Úгорь – <u>I</u>gor
Й	й	*Й*	*й*	и крáткое	i[2]	Толстóй – Tolsto<u>i</u> *Fam.*
					– *nach* и, ы	Валéрий – Waler<u>i</u>
К	к	*K*	*к*	ка	k[3]	Кúра – <u>K</u>ira
Л	л	*Л*	*л*	эль	l	Людмúла – <u>Lj</u>udmila
М	м	*M*	*м*	эм	m	Марк – <u>M</u>ark
Н	н	*H*	*н*	эн	n	Надéжда – <u>N</u>ades(c)hda
О	о	*O*	*о*	о	o	Олéг – <u>O</u>leg
П	п	*П*	*п*	пэ	p	Пáвел – <u>P</u>awel
Р	р	*P*	*р*	эр	r	Ромáн – <u>R</u>oman
С	с	*C*	*с*	эс	s	Светлáна – <u>S</u>wetlana
					ss *zwischen Vok.*	Ларúса – Lari<u>ss</u>a
Т	т	*T*	*т*	тэ	t	Тамáра – <u>T</u>amara
У	у	*У*	*у*	у	u	Ушакóв – <u>U</u>schakow *Fam.*
Ф	ф	*Ф*	*ф*	эф	f	Фёдор – <u>F</u>jodor
Х	х	*X*	*х*	ха	ch	Христúна – <u>Ch</u>ristina
Ц	ц	*Ц*	*ц*	це	z	Цветáева – <u>Z</u>wetajewa *Fam., w.*
Ч	ч	*Ч*	*ч*	че	tsch	Чайкóвский – <u>Tsch</u>aikowski *Fam.*
Ш	ш	*Ш*	*ш*	ша	sch	Шýра – <u>Sch</u>ura *Koseform zu* Алексáндр(а)
Щ	щ	*Щ*	*щ*	ща	schtsch	Щýкин – <u>Schtsch</u>ukin *Fam.*
Ъ	ъ		*ъ*	твёрдый знак	–	Подъя́чев – Podjatschew *Fam.*
Ы	ы		*ы*	ы	y	Бы́ков – B<u>y</u>kow *Fam.*
Ь	ь		*ь*	мя́гкий знак	–	Татья́на – Tatjana
Э	э	*Э*	*э*	э	e	Эльвúра – <u>E</u>lvira
Ю	ю	*Ю*	*ю*	ю	ju	Ю́рий – <u>Ju</u>ri
Я	я	*Я*	*я*	я	ja	Ярослáв – <u>Ja</u>roslaw

[1] Der Buchstabe ё wird nur in Lehrbüchern und Nachschlagewerken benutzt. Sonst schreibt man e.

[2] Nach e gibt man й oft durch j wieder: Андрéй – Andrej.

[3] Die Buchstabenverbindung кс gibt man durch x wieder: Алексáндра – Ale<u>x</u>andra.

Die Vokale

Im Russischen unterscheidet man in betonter Silbe fünf *Vokale*:
[a] , **[o]** , **[у]** , **[э]** , **[и]** *oder* **[ы]** .

Sie werden in der Schrift durch zehn *Vokalbuchstaben* bezeichnet:

| а, | о, | у, | э, | ы : | *sogenannte* **harte** *Vokalbuchstaben* |
| я, | ё, | ю, | е, | и : | *sogenannte* **weiche** *Vokalbuchstaben.* |

2

Die *weichen Vokalbuchstaben* bezeichnen

- nach Konsonantbuchstaben die Weichheit des Konsonanten + Vokal: **[' + Vokal]** :
  пять *sprich*: [п'а]ть, Пётр: [п'о]тр, Люба : [л'у́]ба, Ве́ра : [в'э́]ра: Ни́на : [н'и́]на;

- am Wortanfang, nach Vokalbuchstaben oder ь die Lautverbindung **[j + Vokal]**:
  я *sprich*: [ja], стоя́ть: сто[já]ть; ёлка: [jó]лка, (он) поёт (*zu* петь): по[jó]т;
  Юля: [jý]ля, (они́) пою́т: по[jý]т; е́хать: [jэ́]хать, пое́хать *v.*: по[jэ́]хать.

Der Vokalbuchstabe и bezeichnet am Wortanfang und nach Vokalbuchstaben nur den Laut [и]: 🗷
И́ра *sprich*: [и́]ра, он стои́т (*zu* стоя́ть): сто[и́]т.

Betonte Vokale

3

Ⓡ Ⓓ

Russische betonte Vokale spricht man — im Vergleich zu deutschen langen und kurzen
Vokalen — *halblang*. Vgl.
ка́сса – Ka̲sse: Der betonte russische Vokal ist etwas länger als der deutsche kurze Vokal.
ва́за – Va̲se: Der betonte russische Vokal ist etwas kürzer als der deutsche lange Vokal.

[a] Aussprache etwa wie deutsches *a* in Na̲me
  Wiedergabe in der Schrift durch **a** oder **я**: а́дрес, там, весна́; ря́дом, дя́дя

[o] Aussprache etwa wie deutsches offenes *o* in Spo̲tt
  Wiedergabe in der Schrift durch **o** oder **ё** (**e**, ↗ **1**, Fußnote 1):
  он, го́род, кино́; тёмный, тётя

[у] Aussprache etwa wie deutsches geschlossenes *u* in Schu̲le
  Wiedergabe in der Schrift durch **у** oder **ю**: у́жин, су́мка, путь; лю́ди, меню́

[э] Aussprache:
  - vor hartem Konsonanten und am Wortende wie deutsches offenes *e* in Ke̲rn
    Wiedergabe in der Schrift durch **э** oder **e**: э́то; бе́лый, на столе́
  - vor weichem Konsonanten etwa wie deutsches geschlossenes *e* in Se̲e̲
    Wiedergabe in der Schrift durch **э** oder **e**: э́ти; петь, музе́й

[и] oder [ы]

Aussprache:
- am Wortanfang, nach Vokalbuchstaben und nach weichem Konsonanten etwa wie deutsches geschlossenes *i* in i<u>h</u>r, Z<u>ie</u>l

  Wiedergabe in der Schrift durch **и**: и́мя, (он) стои́т (*zu* стоя́ть), кни́га
- nach hartem Konsonanten als (im Deutschen nicht gebräuchlicher) *i-artiger* Laut, bei dessen Bildung sich nicht (wie bei и) der vordere, sondern der mittlere Teil der Zunge gegen den Gaumen hebt (↗ unten)

  Wiedergabe in der Schrift durch **ы**, nach den harten Zischlauten ш und ж durch **и**: сыр, быть, жить *sprich*: ж[ы]ть

[и]
Der *vordere Teil* der Zunge hebt sich gegen den Gaumen.

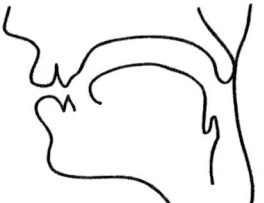

[ы]
Der *mittlere Teil* der Zunge hebt sich gegen den Gaumen.

4 | Unbetonte Vokale

Russische unbetonte Vokale spricht man **kürzer** und **schwächer** als betonte Vokale.
- Unmittelbar vor der betonten Silbe ist der Vokal kurz:

  гуля́ть, туда́, эта́ж, биле́т.
- In allen anderen Stellungen vor oder nach der betonten Silbe ist der Vokal sehr kurz:

  бутербро́д, экскурсово́д, университе́т; те́хникум, вы́учить *v.*, писа́тельница.

Zusammenfall von Lauten in unbetonten Silben

Die durch die Buchstaben **a *und* o** bezeichneten Laute fallen in unbetonter Silbe in *einem* Laut zusammen:
- Unmittelbar vor der betonten Silbe spricht man ein **kurzes [a]**:

  авто́бус, грани́ца, расска́з; большо́й *sprich*: б[а]льшо́й, вопро́с, окно́.
- In allen anderen unbetonten Stellungen spricht man ein **sehr kurzes [ə]**:

  каранда́ш *sprich*: к[ə]ранда́ш, ко́мната; волейбо́л, го́род, ле́то.

Die durch die Buchstaben **e *und* я** (nach ч, щ: **a**) bezeichneten Laute fallen ebenfalls in *einem* Laut zusammen:

Unmittelbar vor der betonten Silbe spricht man ein **kurzes**, in allen anderen unbetonten Stellungen ein **sehr kurzes [и]**:

зелёный *sprich*: [з'и]лёный, интере́сный; язы́к : [jи]зы́к, пятёрка, часы́; девятна́дцать, по́езд; ме́сяц, па́мятник.

 In Endungen werden unbetonte e und я unterschieden:
Nom. Sing. мо́ре *sprich*: мо́[р'и], *Gen. Sing*. мо́ря: мо́[р'ə].

Die Konsonanten

Man unterscheidet im Russischen
- (wie im Deutschen) stimmlose und stimmhafte Konsonanten,
- (im Unterschied zum Deutschen) harte und weiche Konsonanten.

5

Ⓡ Ⓓ

Stimmlose und stimmhafte Konsonanten

6

Stimmlose Konsonanten werden ***ohne Stimmton***, stimmhafte Konsonanten ***mit Stimmton***, d. h. mit aktiver Beteiligung der Stimmbänder, gebildet.

	Paarige stimmlose und stimmhafte Geräuschlaute		*Stets stimmlose Geräuschlaute*	*Stets stimmhafte Klanglaute*
stimmlos:	п п' ф ф' к к' т т' с с' ш		х х' ц ч' щ'	——————
	| | | | | | | | | |			
stimmhaft:	б б' в в' г г' д д' з з' ж		——————	м м' н н' л л' р р' й = [j]

Wie die Tabelle zeigt, bilden zahlreiche stimmlose Geräuschlaute mit stimmhaften Geräuschlauten Paare: Der stimmlose Konsonant eines solchen Lautpaares unterscheidet sich von dem entsprechenden stimmhaften Konsonanten nur durch das Fehlen der Stimme.

Geräuschlaute am Wortende

7

Ⓡ Ⓓ

Am Wortende werden im Russischen – wie im Deutschen – ***Geräuschlaute nur stimmlos*** gesprochen. In dieser Stellung spricht man also statt eines stimmhaften Geräuschlautes einen stimmlosen. Vgl.:

подру́га *sprich*: подру́[г]а, *aber* (мно́го) подру́г : подру́[к];
(по́сле) обе́да, *aber* обе́д : обе́[т]; (жить на второ́м) этаже́, *aber* эта́ж : эта́[ш].

Diese Regel gilt nicht für den Wortauslaut von Präpositionen, wenn sie mit dem folgenden Wort zusammenhängend, wie *ein* Wort, gesprochen werden:

⚠

(стоя́ть) под_окно́м : по[да]кно́м, (жить) в_го́роде : [вг]о́роде.

Stimmangleichung bei Geräuschlauten

8

Innerhalb eines Wortes werden nebeneinanderstehende Geräuschlaute ***entweder stimmlos oder stimmhaft*** gesprochen, und zwar in Abhängigkeit von dem zuletzt stehenden Laut.

- Ein ***stimmhafter*** Geräuschlaut wird vor einem stimmlosen Geräuschlaut ***stimmlos***:
  вчера́ *sprich*: [фч']ера́, за́втра : за́[фт]ра, кни́жка : кни́[шк]а.

- Ein ***stimmloser*** Geräuschlaut wird – anders als im Deutschen – vor einem stimmhaften Geräuschlaut (außer vor в) ***stimmhaft***:

Ⓡ Ⓓ

  вокза́л *sprich*: во[гз]а́л, та́кже : та́[гж]е, сде́лать *v.*: [з'д']ёлать, *aber* твой: [тв]ой.

Die Stimmangleichung erfolgt auch, wenn in der zusammenhängend gesprochenen Wortgruppe *Präposition + folgendes Wort* zwei Geräuschlaute aufeinanderstoßen:
(пойти́ *v.*) в_теа́тр *sprich*: [фт']еа́тр; (говори́ть) с_бра́том: [зб]ра́том.

9 Harte und weiche Konsonanten

Die harten Konsonanten des Russischen werden wie die entsprechenden deutschen Konsonanten gesprochen.

Zur Aussprache von [л] und [р] ↗ 13

Die weichen (oder palatalisierten) Konsonanten bildet man, indem man den mittleren Teil des Zungenrückens stärker gegen den Vordergaumen hebt.

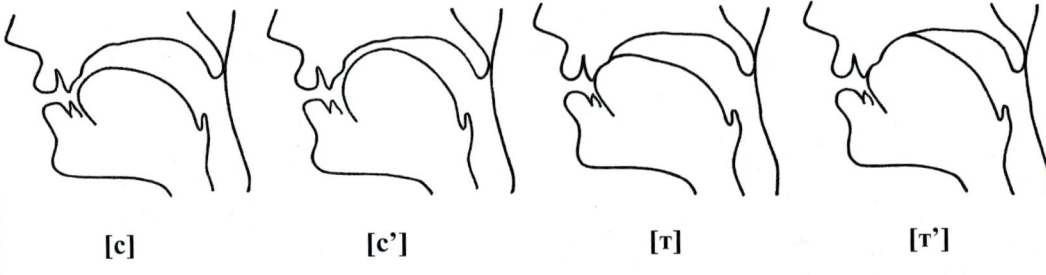

| [с] | [с'] | [т] | [т'] |

10	*Paarige harte und weiche Konsonanten*														*Stets harte Konsonanten*	*Stets weiche Konsonanten*
hart:	п	б	ф	в	к	г	т	д	с	з	х	м	н	л	р	ц ш ж	———
	|	|	|	|	|	|	|	|	|	|	|	|	|	|	|		
weich:	п'	б'	ф'	в'	к'	г'	т'	д'	с'	з'	х'	м'	н'	л'	р'	———	ч' щ' й = [j]

Wie die Tabelle zeigt, bilden die meisten harten Konsonanten mit ihren weichen Entsprechungen Paare: Der weiche Konsonant eines solchen Lautpaares unterscheidet sich von dem entsprechenden harten Konsonanten nur durch die Weichheit.

In der Schrift gibt es für die weichen Konsonanten — abgesehen von ч, щ, й —
keine besonderen Buchstaben.
Die Weichheit eines Konsonanten wird durch den darauffolgenden Buchstaben bezeichnet:
• durch einen der weichen Vokalbuchstaben я, ё, ю, е, и — wenn ein Vokal folgt:
  ря́дом *sprich*: [р'а́]дом, (мы) идём (*zu* идти́): и[д'о́]м, лю́ди: [л'у́]ди,
  (они́) пи́шут (*zu* писа́ть): [п'и́]шут,
• durch ь — am Wortende oder wenn ein Konsonant folgt:
  ви́деть, шко́льник.

11 Angleichung der Weichheit von Konsonanten

Nebeneinanderstehende Zahnlaute (bezeichnet durch die Buchstaben т, д, с, з, н, л) werden innerhalb eines Wortes **hart oder weich** gesprochen, und zwar in Abhängigkeit von dem zuletzt stehenden Laut. Vgl.
• harte Konsonanten: стол, кра́сный, ма́сло, зда́ние;
• weiche Konsonanten: стена́ *sprich*: [с'т']ена́, снег: [с'н']ег, е́сли: е́[с'л']и,
  здесь: [з'д']есь.

Zischlaute

Man unterscheidet im Russischen vier Zischlaute:
- die stets harten Konsonanten [ш] und [ж],
- die stets weichen Konsonanten [ч'] und [щ'] – diese Laute gibt es im Deutschen nicht.

[ш] Aussprache etwa wie stimmloses *sch* in <u>Sch</u>all
Wiedergabe in der Schrift durch **ш**, am Wortende auch durch **ж**:
ша́хматы, шко́ла, ка́ша, каранда́ш, эта́ж

[ж] Aussprache etwa wie stimmhaftes *j* in <u>J</u>ournalist
Wiedergabe in der Schrift durch **ж**: журна́л, лежа́ть, джи́нсы

[ч'] Aussprache als weiches kurzes [т'ш']
Wiedergabe in der Schrift durch **ч**: чай, да́ча, ма́льчик, мяч

[щ'] Aussprache als weiches langes [ш']
Wiedergabe in der Schrift durch **щ**: щи, ве́щи, продавщи́ца, борщ

Klanglaute

[л] Aussprache:
Bei hartem [л] hebt sich die Zungenspitze – wie bei deutschem *l* – an die Rückseite der oberen Schneidezähne und der hintere Teil des Zungenrückens – anders als bei deutschem *l* – in Richtung auf den Hintergaumen. Dazwischen liegt eine Senke.
Wiedergabe in der Schrift durch **л**: ла́мпа, по́лка, получи́ть *v.*, (он) чита́л

[л'] Aussprache etwa wie bei deutschem *l* in <u>L</u>iebe, jedoch mit stärkerer Hebung des mittleren Teils des Zungenrückens gegen den Vordergaumen.
Wiedergabe in der Schrift durch **л** + weicher Vokalbuchstabe oder **ль**:
лес, лю́ди, (они́) чита́ли; апре́ль, большо́й

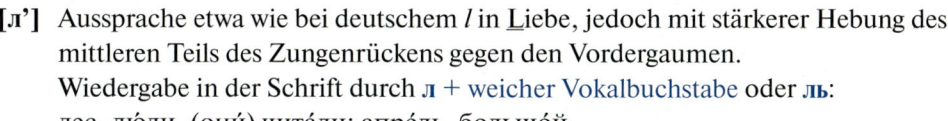

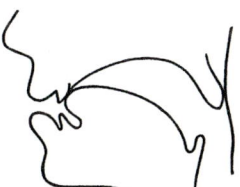 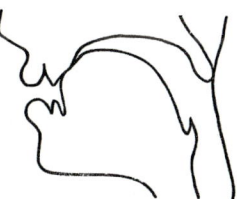 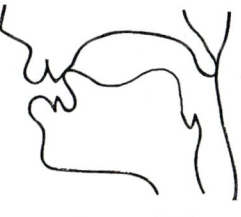

deutsches *l*   weiches [л']   hartes [л]

[р] Aussprache von [р] und [р'] als Zungenspitzen-*r*, nicht Zäpfchen-*r*
[р'] [р]: раз, про́сто, телеви́зор; [р']: ря́дом, приве́т, октя́брь

[j] Aussprache:
- vor betontem Vokal etwa wie deutsches *j* in <u>J</u>ahr: ёлка, стоя́ть, семья́
- sonst wie deutsches unsilbisches *i* in Fil<u>i</u>ale, finanz<u>i</u>ell: дай (*zu* дать *v.*), (я) чита́ю

Wiedergabe in der Schrift durch verschiedene Buchstaben:
- durch **й** – nach Vokalbuchstaben im Silbenauslaut:
  чита́й, чита́йте (*zu* чита́ть), зимо́й, копе́йка, но́вый
- durch die Vokalbuchstaben **я**, **ё**, **ю**, **е** – am Wortanfang, nach Vokalbuchstaben im Silbenanlaut, nach ь oder ъ:
  я́годы, ёлка, юг, е́хать; смея́ться, (он) поёт, (они́) пою́т (*zu* петь), по́езд;
  (они́) пьют (*zu* пить) *sprich*: [п'ju]т

14 | Buchstaben ь, ъ

ь, ъ (auch weiches und hartes Zeichen genannt) bezeichnen keinen eigenständigen Laut:

- Sie kennzeichnen nur Weichheit (ь) oder Härte (ъ) des vorangehenden
  Konsonanten:
  да́льше *sprich*: да́[л']ше, апре́ль, мать; объе́кт *sprich*: о[бйэ́]кт.
- Vor weichem Vokalbuchstaben trennen sie zusätzlich den Konsonanten von der
  folgenden Lautgruppe [j + Vokal]:
  семья́ *sprich*: се[м'я́]; съесть *v. sprich*: [сйэ]сть.

15 | Die Wortbindung

Im Russischen werden manche Wörter einer Wortgruppe zusammenhängend, das heißt wie
ein Wort, gesprochen. Dadurch ergibt sich mitunter auch eine Stimmangleichung (↗ 8).

Beispiele für Wortgruppen mit Wortbindung

- ***Präposition*** + folgendes Wort:
  е́хать в_дере́вню к_ба́бушке (*sprich*: ... [вд'и]ре́вню [гб]а́бушке)
- ***verneinende Partikel*** не, ни + folgendes Wort:
  Я не_уме́ю ката́ться на_конька́х (*sprich*: [н'иу]ме́ю ...)
- ***Fragepronomen*** + folgendes Wort:
  Кто_э́то? Что_э́то?

16 | Schreibregeln

Nach к, г, х und Zischlauten (ш, ж, ч, щ) wird stets и (nicht ы) geschrieben:
На столе́ лежа́т кни́ги, ру́чки и карандаши́.

In Deklinationsendungen wird nach Zischlauten (ш, ж, ч, щ) und ц
in betonter Silbe о, in unbetonter Silbe е geschrieben:
писа́ть карандашо́м; говори́ть с продавщи́цей и с Ма́шей.

Folge möglicher Vokalbuchstaben (in Deklinationsendungen) nach Stammauslaut				
• auf harten Konsonanten:	а	о	у	ы
• auf weichen Konsonanten:	я	ё, *unbetont* е	ю	и
• auf к, г, х:	а	о	у	и
• auf ш, ж, ч, щ:	а	о, *unbetont* е	у	и
• auf ц:	а	о, *unbetont* е	у	ы

R D Substantive werden im Russischen — anders als im Deutschen — kleingeschrieben.
Nur Eigennamen schreibt man mit großem Anfangsbuchstaben:
Андре́й Дми́триевич Са́харов; Росси́я, Москва́, Ура́л, Во́лга.

Besteht ein Eigenname aus einer ***Wortgruppe***, wird meist nur das erste Wort großgeschrieben:
Ру́сский музе́й, Зи́мний дворе́ц, Не́вский проспе́кт, фи́рма «Ру́сская кни́га».
Wörter wie го́род, у́лица, пло́щадь, река́, о́зеро, о́стров werden stets kleingeschrieben:
го́род Новосиби́рск, у́лица Че́хова, река́ Во́лга, о́зеро Байка́л.

Die Wörter

Jedes **Wort** besteht aus einer Verbindung von Lauten oder — in der Schrift — von Buchstaben, es hat eine Bedeutung (oder mehrere Bedeutungen) und dient als Baustein für die Satzbildung.

Einem deutschen Wort entspricht oft ein russisches Wort:
arbeiten — рабо́тать; Arzt, Ärztin — врач; klug — у́мный.
Aber:

- **Einem deutschen Verb** stehen meist **zwei russische Verben** gegenüber, nämlich ein Verb des vollendeten Aspekts und ein Verb des unvollendeten Aspekts (➚ **39**):
  fragen — **спроси́ть** *v.* / **спра́шивать**; antworten — **отве́тить** *v.* / **отвеча́ть**.
- **Einem russischen reflexiven Verb** (das durch das Suffix -ся oder -сь am Wortende gekennzeichnet ist) steht **im Deutschen** in der Regel ein reflexives Verb gegenüber, das aus **zwei Wörtern** (dem Pronomen und dem Verb) besteht (➚ **50**):
  интересова́ться — sich interessieren.
- **Einem deutschen zusammengesetzten Substantiv** entspricht im Russischen häufig
  die **Wortgruppe** *Adjektiv + Substantiv*:
  Eisenbahn — **желе́зная доро́га**; Postleitzahl — **почто́вый и́ндекс**; oder
  die **Wortgruppe** *Substantiv + substantivisches Attribut im Genitiv*:
  Mathematiklehrer — **учи́тель матема́тики**; Bushaltestelle — **остано́вка авто́буса**.

Bei der sprachlichen Verständigung treten viele Wörter in unterschiedlichen Wortformen auf: Mithilfe dieser Formen werden — bei unveränderter Wortbedeutung — unterschiedliche Beziehungen im Satz ausgedrückt.

Die Bildung verschiedener Formen ein und desselben Wortes nennt man **Formbildung**.
Die Bildung neuer Wörter mit neuer Bedeutung bezeichnet man als **Wortbildung**.

Beispiele für Formbildung:			*Beispiele für Wortbildung:*	
	кни́га	**чита́ть**	**кни́га**	**чита́ть**
(чита́ть)	**кни́гу**	(он) **чита́ет**	**кни́жка** — kleines Buch	**чита́тель**
(мно́го)	**книг**	(мы) **бу́дем чита́ть**	**кни́жный** (шкаф)	**чита́тельница**

Das Wort und seine Bestandteile

17 Ein Wort einer gebeugten Wortart kann in kleinere Bestandteile zerlegt werden. Bestandteile des Wortes sind:
die *Wurzel*, das *Präfix* (die Vorsilbe), das *Suffix* (die Nachsilbe), die *Endung*.
Außerdem ist im Wort die Abtrennung des *Stamm*es möglich.

18 Die *Wurzel* ist der Grundbestandteil eines Wortes, der die Grundbedeutung dieses Wortes und der zur Wortfamilie gehörenden Wörter trägt. Vgl. z. B. Wörter mit der Wurzel пис-:

писа́ть	– schreiben
писа́тель(-ница)	– Schriftsteller(-in)
письмо́	– Brief
пи́сьменный	– schriftlich
записа́ть *v.* / запи́сывать	– aufschreiben; aufzeichnen
перепи́сываться	– in Briefwechsel stehen

19 Ein *Präfix* steht vor der Wurzel eines Wortes.
Mithilfe von Präfixen werden neue Wörter derselben Wortart mit neuer Bedeutung gebildet.
Vgl. z. B. Verben mit dem Präfix у- *weg-, fort-*:

идти́ – gehen *zielgerichtet*	→ уйти́ *v.* / уходи́ть – weggehen, fortgehen
е́хать – fahren *zielgerichtet*	→ уе́хать *v.* / уезжа́ть – wegfahren, abfahren; verreisen

20 Ein *Suffix* steht hinter der Wurzel eines Wortes.
• Mithilfe *wortbildender* Suffixe werden neue Wörter mit neuer Bedeutung gebildet.
Vgl. z. B. Substantive mit dem Suffix -ист zur Bezeichnung von Personen:

журна́л – Zeitschrift	→ журнали́ст – Journalist
специа́льный – Spezial-	→ специали́ст – Spezialist, Fachmann

• Mithilfe *formbildender* Suffixe werden grammatische Formenreihen ein und desselben Wortes gebildet. Vgl. z. B. Verben mit dem Suffix -л- zur Bildung des Präteritums:
чита́ть – lesen: он чита́л, она́ чита́ла, мы чита́ли

21 Die *Endung* (sie steht am Wortende) ist der veränderliche Teil eines Wortes, der das Verhältnis dieses Wortes zu anderen Wörtern im Satz ausdrückt. Vgl. z. B.:

Та́ня звони́ла Ма́рку.	– Tanja hat Mark angerufen.
Марк звони́л Та́не.	– Mark hat Tanja angerufen.

Einige Wortformen sind endungslos. Vgl. z. B.:

друг_ (*Nom. Sing., endungslos*)	подру́га (*Nom. Sing.*)
дру́га (*Gen. Sing.*)	подру́г_ (*Gen. Plur., endungslos*)

22 Der *Stamm* ist der unveränderliche Teil eines Wortes, durch den die Wortbedeutung ausgedrückt wird. Man erhält ihn, wenn man die Endung (und gegebenenfalls ein formbildendes Suffix) abtrennt. Vgl. die Wortformen mit dem jeweiligen Stamm:

ка́рта (*Nom. Sing.*)	} *Stamm:* карт-	но́вый (*Nom. Sing., m.*)	} *Stamm:* нов-	
ка́рту (*Akk. Sing.*)		но́вая (*Nom. Sing., w.*)		
(на) ка́рте (*Präp. Sing.*)		но́вое (*Nom. Sing., s.*)		

Die Stämme des Verbs ⬈ **52/53**

Die Hauptarten der Form- und der Wortbildung

Nach der Art der **Formbildung** unterscheidet man im Russischen | **23**

- **einfache Formen**, die durch Endungen oder durch formbildende Suffixe (und Endungen) gebildet sind, z. B.:

чита́ть: (я) чита́ю, (ты) чита́ешь	кру́пный: кру́пная (страна́)
(он) чита́л, (они́) чита́ли	кру́пное (предприя́тие)
чита́ющий (студе́нт)	крупне́йший (го́род)

- aus zwei Wörtern **zusammengesetzte Formen**, z. B.:

чита́ть: (я) бу́ду чита́ть	интере́сный: са́мый интере́сный (фильм)
основа́ть v.: (Го́род) был осно́ван ...	

Nach der Art der **Wortbildung** unterscheidet man im Russischen | **24**

- **abgeleitete Wörter**, die mithilfe wortbildender Suffixe oder Präfixe gebildet sind, z. B.:

учи́ть → учи́тель, учи́тельница	опа́сный → неопа́сный
спорт → спорти́вный	идти́ → перейти́ v. / переходи́ть

- **zusammengesetzte Wörter**, die aus zwei Wortstämmen gebildet sind, z. B.:
  экскурсово́д, самолёт; ру́сско-неме́цкий (слова́рь), многоэта́жное (зда́ние)

Der Lautwechsel

Sowohl bei der Form- wie auch bei der Wortbildung tritt am Stammauslaut oft ein Lautwechsel auf. Es wechseln Konsonanten oder Vokale miteinander. | **25**

Konsonantenwechsel | **26**

Wechsel der Buchstaben	Beispiele aus der Formbildung[1]	Beispiele aus der Wortbildung
г ↘ д → ж з ↗	дорого́й: *Komp.* доро́же ходи́ть: *Präs.* я хожу́ вози́ть: *Präs.* я вожу́	друг: дру́жный проходи́ть: прохо́жий бли́зкий: приближе́ние
к → ч т < ч / щ	гро́мкий: *Komp.* гро́мче плати́ть: *Präs.* я плачу́ возврати́ть v.: *Fut.* я возвращу́	те́хника: техни́ческий студе́нт: студе́нческий
с > ш х	проси́ть: *Präs.* я прошу́ ти́хий: *Komp.* ти́ше	пригласи́ть v.: приглаше́ние успе́х: успе́шный
ск > щ ст	иска́ть: *Präs.* я ищу́ прости́ть v.: *Fut.* я прощу́	
б → бл в → вл м → мл п → пл	люби́ть: *Präs.* я люблю́ лови́ть: *Präs.* я ловлю́ знако́мить: *Präs.* я знако́млю купи́ть v.: *Fut.* я куплю́	напра́вить v.: направле́ние

[1] Konsonantenwechsel tritt oft bei Verben auf -ить der и-Konjugation (↗ **59**), bei unregelmäßigen Verben und bei unregelmäßigen Komparativformen von Adjektiven und Adverbien (↗ **141**) auf.

27 Vokalwechsel

Wechsel der Buchstaben	Beispiele aus der Formbildung	Beispiele aus der Wortbildung
e → ё	вести́: *Prät.* он вёл, она́ вела́[1]	
o → a	спроси́ть *v.*: спра́шивать	разгова́ривать: разгово́р
Ausfall[2]		
o/ё ↘ __	пода́рок: *Gen. Sing.* пода́рка	
e ↗	отéц: *Gen. Sing.* отца́	день: дневни́к
Einschub[2]		
__ ↗ o	оши́бка: *Gen. Plur.* оши́бок	ска́зка: ска́зочный
↘ e	письмо́: *Gen. Plur.* пи́сем	семья́: семе́йный

[1] Der Wechsel **unbetontes e → betontes ё** tritt vor allem auf
   • in Personalendungen der e-Konjugation (↗ **55/56**) und
   • innerhalb des Stammes einiger unregelmäßiger Verben.
[2] Bei Ausfall oder Einschub von -o-, -ё-, -e- spricht man auch von *flüchtigen Vokalen* (↗ **113, 120, 123**).

28 Die Wortarten im Überblick

Formbildung	Wortarten		Beispiele
Konjugierte Wörter	**Verben**	↗ **29**	прочита́ть *v.* / чита́ть
Deklinierte Wörter	**Substantive**	↗ **100**	магази́н; сло́во; кварти́ра
	Adjektive	↗ **130**	но́вый, -ая, -ое
	Zahlwörter	↗ **146**	пять; пя́тый, -ая, -ое; мно́го
	Pronomen	↗ **160**	я; мой, моя́, моё; кто; что
Unveränderliche Wörter	**Adverbien**	↗ **196**	бы́стро; здесь; сего́дня; о́чень
Hilfswörter	**Präpositionen**	↗ **207**	в *mit Akk. oder Präp.*
	Konjunktionen	↗ **211**	и, а, но; потому́ что; е́сли
	Partikeln	↗ **216**	ведь; то́лько; да; нет; вот
Isolierte Wörter	**Interjektionen**		бра́во; ах ; увы́; алло́

Im Unterschied zum Deutschen gibt es im Russischen *keinen Artikel*. Ob ein russisches Substantiv im Deutschen mit dem bestimmten, dem unbestimmten oder ohne Artikel wiederzugeben ist, zeigt der Sinnzusammenhang des Textes.

Die folgenden Sätze bilden den Anfang einer Erzählung über die Geschichte eines russischen Dorfes. Beachte die treffende Wiedergabe der Substantive in der deutschen Übersetzung (mit unbestimmtem Artikel bei Bezug auf noch Unbekanntes, mit bestimmtem Artikel bei Bezug auf bereits Bekanntes).

Венéция — дере́вня на Ура́ле. Дере́вня ма́ленькая — 86 жи́телей. Здесь говоря́т по-тата́рски и по-ру́сски. Ря́дом с дере́вней большо́й сосно́вый лес ...

— Venezia ist *ein* Dorf im Ural. *Das* Dorf ist klein — es hat 86 Einwohner. Hier wird Tatarisch und Russisch gesprochen. Neben *dem* Dorf steht *ein* großer Kiefernwald ...

Das Verb

Verben benennen **Handlungen** (Tätigkeiten, Vorgänge, Zustände) in ihrem **zeitlichen Ablauf**:
рабо́тать – arbeiten, **расти́** – wachsen, **сиде́ть** – sitzen.

Im Russischen unterscheidet man – im Unterschied zum Deutschen – alle Verbformen nach ⓇⒹ
ihrem **Aspekt** (↗ **39**). Auch in anderen slawischen Sprachen, z. B. im Polnischen und im Tsche-
chischen, werden die Verben nach dem Aspekt unterschieden.

Die Formen der Verben im Überblick

29 Verben werden im Aktiv und im Passiv konjugiert (oder gebeugt).
Konjugierte Verbformen des Russischen sind die Indikativformen des Präsens, des Futurs und des Präteritums, die Konjunktiv- und die Imperativformen.
Perfekt und Plusquamperfekt kennt das Russische nicht.
Nicht konjugierte Verbformen des Russischen sind die Infinitive, die Partizipien und die Adverbialpartizipien (die es im Deutschen nicht gibt ↗ **96**).

Die Nenn- oder Wörterbuchform eines Verbs ist der *Infinitiv*.
Um alle Formen bilden zu können, muss man sich auch die *1.* und die *2. Person Singular* des Futurs vollendeter Verben bzw. des Präsens unvollendeter Verben einprägen:
etw. beenden — ко́нчить *v.*: я ко́нчу, ты ко́нчишь / конча́ть: я конча́ю, ты конча́ешь.

30 | **Das Aktiv**

Musterwort: прочита́ть *v.* / чита́ть — lesen

		Vollendetes Verb	Unvollendetes Verb	Deutsche Bedeutung
Infinitiv		прочита́ть	чита́ть	lesen
Präsens	я		чита́ю	ich lese
	ты		чита́ешь	
	он(-á,-ó)		чита́ет	
	мы		чита́ем	
	вы		чита́ете	
	они́		чита́ют	
Futur	я	прочита́ю	бу́ду	ich werde lesen,
	ты	прочита́ешь	бу́дешь	werde gelesen haben
	он(-á,-ó)	прочита́ет	бу́дет	
	мы	прочита́ем	бу́дем чита́ть	
	вы	прочита́ете	бу́дете	
	они́	прочита́ют	бу́дут	
Präteritum	я, ты, он	прочита́л	чита́л	ich (…) las, habe
	я, ты, она́	прочита́ла	чита́ла	gelesen, hatte gelesen
	оно́	прочита́ло	чита́ло	
	мы, вы, они́	прочита́ли	чита́ли	
Konjunktiv	я, ты, он	прочита́л бы	чита́л бы	ich (…) läse, würde lesen, hätte gelesen
Imperativ	(ты)	прочита́й	чита́й	lies
	(вы)	прочита́йте	чита́йте	lest
Partizip	*des Präsens*		чита́ющий	lesend; jmd., der liest
	des Präteritums	прочита́вший	чита́вший	jmd., der gelesen hat
Adverbialpartizip	*auf* -я		чита́я	beim Lesen
	auf -в	прочита́в		nach dem Lesen

Das Passiv

		Vollendetes Verb	Unvollendetes Verb	Deutsche Bedeutung
Infinitiv		быть прочи́тан	чита́ться	gelesen werden
Präsens	он(-а́, -о́)		чита́ется	er (…) wird gelesen
	они́		чита́ются	sie werden gelesen
Futur	он	бу́дет { прочи́тан	бу́дет чита́ться	er } wird gelesen werden, gelesen worden sein
	она́	прочи́тана		sie
	оно́	прочи́тано		es
	они́	бу́дут прочи́таны	бу́дут чита́ться	sie werden gelesen werden, gelesen worden sein
Präteritum	он	был прочи́тан	чита́лся	er } wurde gelesen, ist gelesen worden
	она́	была́ прочи́тана	чита́лась	sie
	оно́	бы́ло прочи́тано	чита́лось	es
	они́	бы́ли прочи́таны	чита́лись	sie wurden gelesen, sind gelesen worden
Konjunktiv	он	был бы прочи́тан	чита́лся бы	er würde gelesen, wäre gelesen worden
Partizip	*des Präsens*		чита́емый	etw., das gelesen wird
	des Präteritums	прочи́танный	чи́танный	etw., das gelesen wurde, das gelesen worden ist

Die Arten der Verben im Überblick

Vollverben und Hilfsverben

Vollverben sind die vielen Verben, die in einem Satz selbstständig ein Prädikat bilden können:

Са́ша живёт с ма́мой и бра́том в двухко́мнатной кварти́ре. По́сле шко́лы Са́ша не игра́ет в футбо́л и не хо́дит на ча́стные уро́ки. Он рабо́тает.

— Sascha wohnt mit seiner Mutter und dem Bruder in einer Zweizimmerwohnung. Nach der Schule spielt er nicht Fußball und nimmt keine Privatstunden. Er arbeitet.

Hilfsverben sind Verben, die in einem Satz zur Bildung eines Prädikats beitragen:

- Die Formen von **быть — *werden*** verwendet man zur Bildung zusammengesetzter Formen eines Verbs (➚ **65, 81**):

  я бу́ду чита́ть — ich werde lesen

  кни́га была́ прочи́тана — das Buch wurde gelesen (ist gelesen worden)

- Die Formen von **быть — *(jmd., etw.) sein*** verwendet man zusammen mit einem Substantiv oder Adjektiv zur Bildung nominaler Prädikate (➚ **280**):

  Ли́да была́ медсестро́й. — Lida war Krankenschwester.

  Экску́рсия была́ интере́сная (интере́сной). — Der Ausflug war interessant.

- Modalverben wie z. B. **хоте́ть — *wollen*, смочь** v. / **мочь — *können*** verwendet man zusammen mit dem Infinitiv eines weiteren Verbs, um auszudrücken, ob eine Handlung gewollt, möglich, erlaubt, erforderlich ist (➚ **286/288, 290**):

  Я хочу́ есть. — Ich will (möchte) etwas essen.

  Я могу́ помо́чь вам. — Ich kann euch helfen.

  Мне пришло́сь уе́хать. — Ich musste wegfahren.

33 Persönliche und unpersönliche Verben

Die meisten Verben sind **persönliche Verben**: Sie können *in allen drei Personen* des Singulars und des Plurals verwendet werden, z. B. читáть – lesen:

	1. Person	2. Person	3. Person
Sing.	я читáю	ты читáешь	он (онá) читáет
Plur.	мы читáем	вы читáете	они читáют

Einige Verben sind **unpersönliche Verben**: Sie können *nur in der 3. Person Singular* des Präsens oder Futurs oder in der *sächlichen Form* des Präteritums gebraucht werden, und zwar *ohne Subjekt* (↗ **247**).

Zu den unpersönlichen Verben gehören beispielsweise solche, die einen Naturzustand oder den Zustand eines Menschen bezeichnen:

Вечерéет. Вечерéло.	– Es wird (wurde) Abend.
Максúму повезлó.	– Maxim hatte Glück.

34 Transitive und intransitive Verben

Transitive Verben verlangen ein *Akkusativobjekt*:

постро́ить v. / стро́ить (что?) стадио́н, зда́ние, электроста́нцию …
спроси́ть v. / спра́шивать (кого́?) дру́га, де́вушку, гру́ппу тури́стов …

Bildung des Passivs von transitiven Verben ↗ 81

Alle anderen Verben sind **intransitiv**.

Der Gebrauch der Verben im Satz

35 Konjugierte Verbformen als Prädikate

… in zweigliedrigen Sätzen

Diese Sätze enthalten wie im Deutschen **Subjekt** und **Prädikat**. Das Prädikat stimmt mit dem Subjekt des Satzes in Person und Zahl oder (im Präteritum) in Zahl und Geschlecht überein.

– Кáтя, где ты живёшь?	– Katja, wo wohnst du?
– Я тепéрь живý в Москвé. А рáньше мы жúли в гóроде Тýле.	– Ich wohne jetzt in Moskau. Aber früher haben wir in der Stadt Tula gewohnt.
– Где ты ýчишься?	– Wo gehst du zur Schule?
– (Я учýсь) в англúйской спецшкóле.	– Ich gehe in eine Spezialschule für Englisch.
– Когдá вы нáчали учúть англúйский язы́к?	– Wann habt ihr angefangen, Englisch zu lernen?
– Ужé с пéрвого клáсса.	– Schon vom ersten Schuljahr an.

Phasenverben mit uv. Infinitiv ↗ 87

– Кáтя, кем ты хóчешь стать?	– Katja, was willst du werden?
– (Я хочý стать) юрúстом.	– (Ich will) Juristin (werden).

Modalverben mit Infinitiv ↗ 286/288, 290

… in eingliedrigen Sätzen

Diese Sätze haben im Unterschied zum Deutschen **nur ein Prädikat**, sind also subjektlos.

— Когда́ откры́ли ва́шу шко́лу?
— (Шко́лу откры́ли) в 1993 году́.

— Wann wurde eure Schule eröffnet?
— (Die Schule wurde) 1993 (eröffnet).

Unbestimmt-persönliche Sätze ↗ 246

В шко́лу прихо́дится е́здить на метро́.

— Zur Schule muss man mit der U-Bahn fahren.

Unpersönliche Sätze ↗ 247

Auch Infinitive können als subjektloses Prädikat gebraucht werden.

Как нам дое́хать до це́нтра го́рода?

— Wie kommen wir zum Stadtzentrum?

Infinitivsätze ↗ 248

Partizipien als Attribute

36

Ein Partizip wird als **Beifügung**, als Attribut **zu einem Substantiv** gebraucht; es erläutert dieses Substantiv näher. Mit seinem Substantiv stimmt es in Geschlecht, Zahl und Fall überein. Das Partizip kann *vor* oder auch *hinter* dem Substantiv stehen. ↗ 89

Мы получи́ли зака́занные на́ми биле́ты на рок-конце́рт.
Фи́рме ну́жен молодо́й специали́ст, владе́ющий англи́йским и неме́цким языка́ми.

— Wir haben die von uns bestellten Karten für das Rockkonzert erhalten.
— Die Firma sucht einen Fachmann mit Englisch- und Deutschkenntnissen.

Adverbialpartizipien als Adverbialbestimmungen

37

Ein Adverbialpartizip bezeichnet eine Nebenhandlung, die **nähere Umstände der Haupthandlung** des Satzes erläutert. Als Adverbialbestimmung kann es *vor* dem Satzkern oder *dahinter* stehen. Seine Form ist unveränderlich. ↗ 96

Жела́я учи́ться да́льше, Воло́дя гото́вится к вступи́тельным экза́менам в университе́т.

— Da Wolodja weiterlernen möchte, bereitet er sich auf die Aufnahmeprüfungen für die Universität vor.

Sätze ohne Verbformen

38

In Sätzen ohne Verbformen wird das Prädikat durch ein Substantiv, ein Adjektiv oder ein Adverb ausgedrückt. Diese Sätze bezeichnen einen Zustand in der Gegenwart; Wiedergabe im Deutschen durch Präsensformen von **sein**. ↗ 280/281

Вале́рий — журнали́ст.
Вале́рий высо́кий.
Сего́дня воскресе́нье. Вале́рий до́ма.

— Waleri ist Journalist.
— Waleri ist groß.
— Heute ist Sonntag. Waleri ist zu Hause.

Die vollendeten und die unvollendeten Verben

39 Russische Verben bestimmt man nach dem *Aspekt*, das heißt nach einer unterschiedlichen Sicht auf den Vollzug der Handlung. Man unterscheidet
- Verben des vollendeten oder perfektiven Aspekts
  (im Folgenden kurz: vollendete Verben, *v.*) und
- Verben des unvollendeten oder imperfektiven Aspekts
  (im Folgenden kurz: unvollendete Verben, *uv.*).

Einem deutschen Verb stehen meist ein vollendetes und ein unvollendetes russisches Verb gegenüber. Beide russische Verben bilden ein *Aspektpaar*; sie haben die gleiche Wortbedeutung, aber unterschiedliche Aspektbedeutung. Vgl.:

lesen — прочитáть *(vollendetes Verb)* und читáть *(unvollendetes Verb)*, *kurz*
        прочитáть *v.* / читáть.

40 Gebrauch

Musterwörter: купи́ть *v.* / покупáть — kaufen

— Смотри́, Воло́дя, что я купи́ла.

— Sieh, Wolodja, was ich gekauft habe.

Die vollendete Verbform купи́ла bezeichnet hier das *Ergebnis* des Einkaufs.

Вчерá Ли́да былá в магази́не «Мо́да».
Там онá покупáла ту́фли.
— Gestern war Lida im Geschäft „Moda".
  Dort ~~kaufte~~ sie sich Schuhe.

Die unvollendete Verbform покупáла bezeichnet den *Vorgang* des Einkaufens.
(Ob Lida schließlich Schuhe gekauft hat oder nicht, bleibt offen.)

Ein *vollendetes Verb* bezeichnet eine einmalige Handlung, die ihren *Endpunkt* — häufig ihren Abschluss oder ihr Ergebnis — *erreicht* hat oder erreichen wird;
Symbol im Folgenden: →|.

Ein *unvollendetes Verb* bezeichnet eine Handlung in ihrem *Verlauf* — häufig in ihrer unbegrenzten Dauer oder in ihrer Wiederholung;
Symbol im Folgenden: →.
Ob die Handlung eines unvollendeten Verbs ihren Endpunkt erreicht, lässt der Sprecher offen, weil er das für seine Äußerung als unwesentlich ansieht.

Gebrauch v. und uv. Verben: Präteritum ↗ **41, 69**, Futur ↗ **66**, Imperativ ↗ **76/77**, Infinitiv ↗ **86/87**

Von einem **vollendeten Verb** können **nur Formen des Präteritums und des Futurs** gebildet werden, keine Präsensformen.

Von einem **unvollendeten Verb** können **alle Formen** des Präsens, des Präteritums und des Futurs gebildet werden, z. B.:

41

	Vollendetes Verb	Unvollendetes Verb	Deutsche Bedeutung
Infinitiv	прочита́ть	чита́ть	lesen
Präsens	–	он чита́ет	er liest
Präteritum	он прочита́л	он чита́л	er las, hat gelesen, hatte gelesen
Futur	он прочита́ет	он бу́дет чита́ть	er wird lesen, wird gelesen haben

Beispiele für den Gebrauch vollendeter und unvollendeter Verben im Präteritum

Vollendete Verben bezeichnen	**Unvollendete Verben bezeichnen**
• eine *abgeschlossene Handlung* (→|) — Серёжа до́ма? — Нет, он пошёл в кино́. — Ist Serjosha zu Hause? — Nein, er ist ins Kino gegangen.	• den *Verlauf einer Handlung* (→) Серёжа шёл в кино́ и неожи́данно встре́тил дру́га. — Serjosha war auf dem Weg ins Kino und traf überraschend seinen Freund.
• eine *einmalige Handlung* (→|) Сего́дня у́тром я позвони́ла Та́не. — Heute Morgen habe ich Tanja angerufen (und sie gesprochen).	• eine *sich wiederholende Handlung* (→→→) Ле́том я ка́ждый день звони́ла Та́не. — Im Sommer habe ich jeden Tag Tanja angerufen.
• das *Ergebnis einer Handlung* (→|) Зда́ние дворца́ отреставри́ровали, сейча́с там музе́й. — Das Schloss(gebäude) ist restauriert worden, jetzt ist dort ein Museum.	• die *Dauer einer Handlung* (→→) Зда́ние дворца́ до́лго реставри́ровали. — Das Schloss(gebäude) hat man lange restauriert. *(Ob die Arbeit abgeschlossen ist, bleibt offen.)*
— Ли́да, ты получи́ла моё письмо́? — Да, получи́ла. *Oder*: — Нет, не получи́ла. — Lida, hast du meinen Brief bekommen? — Ja. *Oder*: Nein.	• das Interesse des Sprechers, *ob eine Handlung* überhaupt *stattgefunden hat* — Во́ва, ты чита́л э́тот расска́з? — Да, чита́л. *Oder*: — Нет, не чита́л. — Wowa, hast du diese Erzählung gelesen? — Ja. *Oder*: Nein.
• mehrere *aufeinanderfolgende Handlungen* (→| →| →|) Ребя́та вы́шли из по́езда, се́ли в авто́бус и пое́хали на о́зеро. — Die jungen Leute stiegen aus dem Zug, setzten sich in den Bus und fuhren zum See.	• mehrere *gleichzeitig ablaufende Handlungen* (⇄) Ребя́та сиде́ли в авто́бусе и смотре́ли в окно́. — Die jungen Leute saßen im Bus und schauten aus dem Fenster.

> **Einmalige Handlung mit Blick auf ihren Endpunkt:**
>
> - abgeschlossene Handlung
> - Ergebnis der Handlung   } *vollendetes Verb*
> - aufeinanderfolgende abgeschlossene Handlungen   (nur Präteritum und Futur)
>
> **Handlung in ihrem Verlauf:**
>
> - unbegrenzt dauernde Handlung
> - sich wiederholende Handlung   } *unvollendetes Verb*
> - gleichzeitig ablaufende Handlungen   (Präsens, Präteritum und Futur)
>
> *Im Zweifelsfall wähle das vollendete Verb!*

42 Oft zeigen *Adverbialbestimmungen*, welcher Aspekt zu verwenden ist:

- Adverbialbestimmungen bei *vollendeten Verben*
  вдруг – plötzlich, неожи́данно – unerwartet, сейча́с – sofort, gleich, сра́зу – sofort;
  за *mit Akk.*: за два часа́, за две неде́ли – in(nerhalb von) zwei Stunden, zwei Wochen;

- Adverbialbestimmungen bei *unvollendeten Verben*
  всё – immer, dauernd, до́лго – lange, постоя́нно – dauernd, ständig;
  иногда́ – manchmal, ка́ждый день – täglich, обы́чно – gewöhnlich; ча́сто – oft;
  два часа́ – zwei Stunden (lang), две неде́ли – zwei Wochen (lang);
  по *mit Dat. Plur.*: по понеде́льникам – montags, jeden Montag.

43 Die russischen vollendeten und unvollendeten Verbformen kann man mit den *einfachen Formen* (simple forms) und den *Verlaufsformen* (progressive forms) eines englischen Verbs vergleichen:

- Einfache und Verlaufsformen gibt es *im Englischen* für *alle Zeiten.*
  Vollendete Verbformen gibt es *im Russischen nur* für das *Präteritum* und das *Futur.*

Präsens	ask(s)	– am | is | are asking	он —		– спра́шивает
Präteritum	asked	– was | were asking	он спроси́л *v.*		– спра́шивал
Futur	will ask	– am | is | are going to ask	он спро́сит *v.*		– бу́дет спра́шивать

- Einer englischen *Verlaufsform* entspricht im Russischen eine *unvollendete Verbform*:
  I 've been waiting for you for half an hour.   — Ich warte auf dich seit einer halben Stunde.
  Я ждал(-а́) тебя́ полчаса́.

- Einer englischen *einfachen Form* entspricht im Russischen *teils* eine *vollendete*, *teils* eine *unvollendete* Verbform:
  Yesterday I came home at four.   — Gestern kam ich um vier (Uhr) nach Hause.
  Вчера́ я пришёл (пришла́) домо́й в четы́ре.
  (einmalige, abgeschlossene Handlung: *vollendete* russische Verbform)
  Last week I often came home after seven.   — In der vergangenen Woche kam ich oft nach
  На про́шлой неде́ле я ча́сто приходи́л(-а)   sieben (Uhr) nach Hause.
  домо́й по́сле семи́.
  (sich wiederholende Handlung: *unvollendete* russische Verbform)

Bildung vollendeter Verben durch Präfixe

44

Verben ohne Präfix sind in der Regel unvollendet und werden durch Vorsetzen von Präfixen zu vollendeten Verben.

Mitunter kennzeichnet das **Präfix nur** den **vollendeten Aspekt** des Ausgangswortes. Es entsteht ein Aspektpaar: ein vollendetes und ein unvollendetes Verb mit gleicher Wortbedeutung, z. B.:

по-	постро́ить *v.* / стро́ить — bauen
с- | со-	сфотографи́ровать *v.* / фотографи́ровать — fotografieren
за-	заплати́ть *v.* / плати́ть — (be)zahlen
о-	опубликова́ть *v.* / публикова́ть — veröffentlichen
на-	написа́ть *v.* / писа́ть — schreiben; нарисова́ть *v.* / рисова́ть — zeichnen

Häufig kennzeichnet das **Präfix** den vollendeten Aspekt und **verändert gleichzeitig** die **Wortbedeutung** (↗ 302). Es entsteht ein neues vollendetes Verb, das mit einem abgeleiteten unvollendeten Verb ein neues Aspektpaar bildet, z. B.:

éхать — fahren *zielgerichtet*: прие́хать *v.* / приезжа́ть — ankommen, anreisen

уе́хать *v.* / уезжа́ть — wegfahren, verreisen

Bildung unvollendeter Verben durch Suffixe

45

Vollendete Verben (meist mit Präfix) werden mithilfe von Suffixen zu unvollendeten Verben. Ein so entstandenes **unvollendetes Verb** hat die **gleiche Wortbedeutung** wie das vollendete Ausgangswort. Es entsteht ein Aspektpaar.

Als Suffixe treten auf:
- **-ыва-** (nach hartem Konsonanten außer ш, ж), sonst **-ива-**,
- **-я-** (nach weichem Konsonanten außer ч, щ), sonst **-а-**,
- **-ва-** (nach Vokal).

Diese Suffixe werden in der Regel an die Wortwurzel angefügt; gelegentlich tritt dabei Konsonanten- oder Vokalwechsel auf (↗ auch **26/27**), z. B.:

-ыва- |	рассказа́ть *v.* / расска́зывать — erzählen
-ива-	спроси́ть *v.* / спра́шивать — fragen
-я- | -а-	повтори́ть *v.* / повторя́ть — wiederholen
	отве́тить *v.* / отвеча́ть — antworten
-ва-	встать *v.* / встава́ть — aufstehen; забы́ть *v.* / забыва́ть — vergessen

Eine Reihe von Verben kann aufgrund ihrer Wortbedeutung **keine Aspektpaare** bilden:

46

Nur vollendet sind Verben

mit dem Präfix **за-** in der Bedeutung *anfangen zu*: запла́кать *v.* — anfangen zu weinen;

mit dem Präfix **по-** in der Bedeutung *los-* oder *ein wenig*: поговори́ть *v.* — eine Weile reden;

mit dem Suffix **-ну-** in der Bedeutung *einmal kurz*: кри́кнуть *v.* — einen Schrei ausstoßen.

Nur unvollendet sind Verben, die einen Zustand ausdrücken: лежа́ть — liegen, сиде́ть — sitzen.

Mitunter kann **ein und dasselbe Verb** die Bedeutung sowohl **des vollendeten** wie auch **des unvollendeten Aspekts** ausdrücken: испо́льзовать *v.* / *uv.* — ausnutzen.

Die Verben der Bewegung

47 | Unvollendete Verbpaare

Im Russischen gibt es einige **Verbpaare**, die eine Fortbewegung im Raum bezeichnen und **beide unvollendet** sind. Diese Verben der Bewegung sind also **keine Aspektpaare.**
Die beiden Verben haben die gleiche Grundbedeutung, unterscheiden sich jedoch dadurch, ob die Fortbewegung **zielgerichtet** oder **nicht zielgerichtet** erfolgt. Vgl.:

gehen, kommen – идти́ (**zielgerichtetes** oder bestimmtes Verb) und

ходи́ть (**nicht zielgerichtetes** oder unbestimmtes Verb).

Wichtige Verben der Bewegung

Zielgerichtete Verben	Nicht zielgerichtete Verben	Deutsche Bedeutung
бежа́ть (бегу́, бежи́шь, бегу́т)	бе́гать (бе́гаю, бе́гаешь)	laufen, rennen
е́хать (е́ду, е́дешь; *Imp.* поезжа́й)	е́здить (е́зжу, е́здишь)	fahren
идти́ (иду́, идёшь; *Prät.* шёл, шла)	ходи́ть (хожу́, хо́дишь)	gehen, kommen
лете́ть (лечу́, лети́шь)	лета́ть (лета́ю, лета́ешь)	fliegen
плыть (плыву́, плывёшь; *Prät.* плыл, плыла́, плы́ло)	пла́вать (пла́ваю, пла́ваешь)	schwimmen
везти́ (везу́, везёшь; *Prät.* вёз, везла́)	вози́ть (вожу́, во́зишь)	*jmdn.*, *etw.* fahren, befördern
вести́ (веду́, ведёшь; *Prät.* вёл, вела́)	води́ть (вожу́, во́дишь)	*jmdn.*, *etw.* führen, lenken
нести́ (несу́, несёшь; *Prät.* нёс, несла́)	носи́ть (ношу́, но́сишь)	*jmdn.*, *etw.* tragen

Musterwörter: идти́ uv. (*zielgerichtet*); ходи́ть uv. (*nicht zielgerichtet*) – gehen, kommen

– Куда́ ты идёшь?
– (Я иду́) на дискоте́ку.
– Wohin gehst du?
– In die Disko.

– Сего́дня я ходи́л к Андре́ю.
– Ты ча́сто хо́дишь к нему́?
– Heute war ich bei Andrej.
– Gehst du oft zu ihm?
  (Besuchst du ihn oft?)

Die *zielgerichteten Verben* bezeichnen eine Fortbewegung *nur in einer Richtung*.

Die *nicht zielgerichteten Verben* bezeichnen
• eine Fortbewegung *nicht nur in einer Richtung* oder
• die Fähigkeit, eine Handlung durchzuführen.

Beispiele für den Gebrauch zielgerichteter und nicht zielgerichteter Verben

Die *zielgerichteten Verben* bezeichnen eine Fortbewegung *nur in einer Richtung*:

Уже́ 12 часо́в. Нам пора́ идти́ домо́й.	— Es ist schon 12 Uhr. Wir müssen nach Hause gehen.
Иди́те сюда́.	— Kommen Sie (bitte) hierher!
В го́род Влади́мир тури́сты е́хали на по́езде, а обра́тно — на авто́бусе.	— Nach Wladimir fuhren die Touristen mit dem Zug, zurück (jedoch) mit dem Bus.

Die *nicht zielgerichteten Verben* bezeichnen

• eine Bewegung in verschiedenen Richtungen: *hin und her, kreuz und quer*

Де́ти бе́гают по́ двору.	— Die Kinder rennen auf dem Hof hin und her.
Журнали́сты це́лый ме́сяц е́здили по стране́.	— Die Journalisten fuhren einen ganzen Monat (kreuz und quer) durch das Land.

• eine in der Vergangenheit erfolgte Bewegung zu einem Ziel und zurück: *einmal hin und zurück*

— Куда́ вы ходи́ли вчера́?	— Wo wart ihr gestern?
— (Вчера́ мы ходи́ли) на конце́рт.	— Im Konzert. *Oder:*
— Где вы бы́ли вчера́? — На конце́рте.	
Неда́вно я лета́л(-а) в Москву́.	— Neulich war ich (mit dem Flugzeug) in Moskau.

• eine sich wiederholende, gewohnheitsmäßige Bewegung zu einem Ziel und zurück: *mehrmals hin und zurück*

— Куда́ вы е́здите отдыха́ть?	— Wohin fahrt ihr (gewöhnlich) zur Erholung?
— Обы́чно мы е́здим к ба́бушке и де́душке.	— Gewöhnlich fahren wir zu den Großeltern.

• die Fähigkeit, eine Handlung durchzuführen: *imstande sein, können*

На́ша ма́ленькая до́чка уже́ хо́дит.	— Unsere kleine Tochter kann schon laufen.
Бо́ря хорошо́ пла́вает.	— Borja kann gut schwimmen.

Mit Präfixen gebildete Aspektpaare

48 Verben der Bewegung können sich *mit Präfixen räumlicher Bedeutung* verbinden: Es entstehen neue vollendete Verben und ihre unvollendeten Aspektpartner, also *echte Aspektpaare*.

Für diese Aspektpaare gilt die Unterscheidung *zielgerichtet : nicht zielgerichtet* nicht mehr. Vgl. z. B.

летéть *uv.* : летáть *uv.* — fliegen (*zielgerichtet : nicht zielgerichtet*)

улетéть *v.* / улетáть *uv.* — **weg**fliegen, **ab**fliegen (*Aspektpaar*!)

Die neuen *vollendeten Verben* werden von den *zielgerichteten Verben* abgeleitet, ihre *unvollendeten Aspektpartner* oft von den *nicht zielgerichteten Verben*.

49 **Wichtige Präfixe räumlicher Bedeutung** ↗ auch **302**

в- │ **во-**[1]	hinein-, herein-
вы-	hinaus-, heraus-
вз- │ **взо-**[1]	hinauf-, herauf-
с- │ **со-**[1]	hinunter-, herab-
при-	herbei-, heran-
у-	weg-, fort-

под- │ **подо-**[1]	heran-, herbei-
от- │ **ото-**[1]	weg-, fort-, los-
до-	hin- zu, bis
на-	auf-, darauf-, an-
о- │ **об-** │ **обо-**[1]	herum- um, ab-
пере-	hinüber-, herüber-
про-	hindurch-, vorüber-

[1] Die Varianten der Präfixe werden verwendet, um Konsonantenhäufung zu vermeiden, z. B.: войти́ *v.* / входи́ть — hineingehen, hereinkommen.

Beispiele für Aspektpaare mit dem Präfix при-

прие́хать *v.* / приезжа́ть (приезжа́ю, -а́ешь) в Москву́	ankommen, anreisen
прийти́ *v.* (*Fut.* приду́; *Prät.* пришёл) / приходи́ть к дру́гу	ankommen *(zu Fuß)*
прилете́ть *v.* / прилета́ть в столи́цу	anfliegen, ankommen
привезти́ *v.* / привози́ть бра́та в шко́лу на мотоци́кле	*etw.* befördern, *jmdn.* bringen
принести́ *v.* / приноси́ть цветы́ де́вушке	*jmdn.*, *etw.* bringen, (herbei-)tragen

Сего́дня я приду́ домо́й в 7 часо́в.	Heute komme ich um 7 Uhr nach Hause.
Сего́дня я пришёл (пришла́) ...	Heute bin ich ... gekommen.
Обы́чно я прихожу́ домо́й в 5 часо́в.	Gewöhnlich komme ich um 5 Uhr nach Hause.
Обы́чно я приходи́л(-а) ...	Gewöhnlich bin ich ... gekommen.

Die reflexiven Verben

Reflexive Verben drücken eine ***auf ihren Urheber zurückgerichtete Handlung*** aus. Im Russischen werden sie – anders als im Deutschen – nicht durch die Verbindung mit einem Pronomen, sondern durch ein ***Suffix am Wortende*** ausgedrückt. Vgl.:

sich anziehen – одéться *v.* / одевáться.

50

> Reflexive Verben bilden ***nur Formen des Aktivs.***
>
> Die ***reflexiven Verben*** des vollendeten und des unvollendeten Aspekts haben ***am Wortende ein Suffix:*** nach Konsonant (einschließlich й) **-ся**, nach Vokal **-сь**:
>
> интересовá**ть**ся *mit Instr.*   **sich** interessieren *für:*
> Я интересýю**сь** (рок-мýзыкой).   **Ich** interessiere **mich** für Rockmusik.
> Мы интересýе**мся** (спóртом).   **Wir** interessieren **uns** für Sport.
>
> Reflexive Verben können nicht mit einem direkten Objekt im Akkusativ (➚ **34**) verbunden werden; sie sind ***intransitiv.***

Präsens ➚ **55, 58**, Futur ➚ **65**, Präteritum ➚ **67**, Konjunktiv ➚ **70**, Imperativ ➚ **74**

Beispiele für reflexive Verben

- Verben, die eine Handlung bezeichnen, die auf ihren Urheber zurückgerichtet ist: ***sich selbst***
  обратúться *v.* / обращáться к *mit Dat.*   – sich wenden an;

- Verben, die eine Handlung mehrerer Personen bezeichnen, die gegenseitig auf sich einwirken: ***sich gegenseitig, sich miteinander***
  встрéтиться *v.* / встречáться   – sich treffen
  познакóмиться *v.* / знакóмиться с *mit Instr.* – sich (miteinander) bekannt machen;

- Verben, die lediglich das ***Fehlen eines direkten Objekts*** kennzeichnen:
  начáться *v.* / начинáться   – beginnen, seinen Ursprung nehmen.

  Unterscheide:
  кончáть *mit Akkusativobjekt*   – *etw.* beenden
  кончáться *ohne direktes Objekt* **(!)**   – enden, zu Ende sein

  В э́том годý моя́ подрýга кончáет деся́тый класс.   – In diesem Jahr wird meine Freundin mit der zehnten Klasse fertig.
  Экза́мены кончáются в ию́не.   – Die Prüfungen enden im Juni.

Russische reflexive Verben (**-ся, -сь**) ***und deutsche reflexive Verben*** (sich ...) entsprechen sich oft, aber nicht immer! Vgl.:

51

вернýться *v.* – zurückkommen, -kehren   остáться *v.* / оставáться – (erhalten) bleiben
надéяться – hoffen   учúться *mit Dat.* – *etwas* lernen, studieren

опоздáть *v.* / опáздывать – <u>sich</u> verspäten   разговáривать – <u>sich</u> unterhalten

Passivformen unvollendeter Verben auf -ся (-сь) ➚ **81**

Die konjugierten Verbformen

Die Stämme des Verbs

52

> Die meisten russischen Verben verfügen über zwei Stämme (↗ 22):
> einen *Infinitivstamm* und einen *Präsensstamm* (bzw. Futurstamm vollendeter Verben).
>
> | Vom *Infinitivstamm* | Vom *Präsensstamm* |
> |---|---|
> | werden folgende Formen gebildet: | werden folgende Formen gebildet: |
> | • der *Infinitiv*, | • das *Präsens* der unvollendeten Verben |
> | • das *Präteritum*, | (bzw. das *Futur* der vollendeten Verben), |
> | • der *Konjunktiv*, | • der *Imperativ*, |
> | • die *Partizipien des Präteritums*, | • die *Partizipien des Präsens*, |
> | • das *Adverbialpartizip auf -в* oder *-ши*. | • das *Adverbialpartizip auf -я, -а*. |

Das Futur der unvollendeten Verben bildet mit быть *zusammengesetzte Formen* (↗ 65).

53 Den *Infinitivstamm* eines Verbs erhält man, wenn man vom Infinitiv -ть (oder -ти) abstreicht.
Den *Präsensstamm* (bzw. Futurstamm eines vollendeten Verbs) erhält man, wenn man von der
3. Person Plural des Präsens bzw. vollendeten Futurs die Personalendung -ют[1], -ут oder -ят,
-ат abstreicht.

Infinitiv:	чита́ть	сове́товать	верну́ться *v.*	говори́ть	слы́шать
Infinitivstamm:	чита-	советова-	верну-	говори-	слыша-

3. Pers. Plur. Präs.					
bzw v. Futur:	они́ чита́ют	сове́туют	верну́тся *v.*	говоря́т	слы́шат
Präsensstamm:	чита[j]-[1]	совету[j]-[1]	верн-	гово[р']-	слыш-

[1] Nach Vokal steht -ют für die Lautverbindung [jут]. Das [j] ist in allen Formen enthalten, die vom
Präsensstamm gebildet werden; der Präsensstamm lautet also in den beiden Beispielwörtern auf [j]
aus. (Zur unterschiedlichen schriftlichen Wiedergabe von [j] im Russischen ↗ 13.)
Im Folgenden wird bei Erläuterungen zur Formbildung vom russischen Schriftbild ausgegangen.

! Einige Verben haben *nur einen* (auf Konsonanten auslautenden) *Stamm*, von dem alle Formen
gebildet werden.

Infinitiv:		нести́	везти́	мочь (*Prät.* мог, могла́)
3. Pers. Plur. Präs.:	они́	несу́т	везу́т	мо́гут
Einheitlicher Stamm:		нес-	вез-	мог-

Das Präsens

Bildung

54

Die russischen unvollendeten Verben werden im Präsens nach der *e-Konjugation* oder nach der *u-Konjugation* gebeugt. An den Präsensstamm fügt man Personalendungen an , die sich nach ihrem Vokal -e- (betont -ё-) oder -и- unterscheiden.
Auch die Futurformen vollendeter Verben werden auf die gleiche Weise gebildet (↗ 65).

Die Verben der e-Konjugation

55

Musterwörter: читáть   вернýть *v.*   занимáться[3]
   — lesen   — zurückgeben   — sich beschäftigen

Zahl	Person	Betonung auf dem Stamm	auf der Endung	Reflexive Verben (↗ 50)
Sing.	1. я	читá **ю**	верн ý[1]	занимá **юсь**[2]
	2. ты	читá **ешь**	верн **ёшь**	занимá **ешься**
	3. он, онá, онó	читá **ет**	верн **ёт**	занимá **ется**[3]
Plur.	1. мы	читá **ем**	верн **ём**	занимá **емся**
	2. вы	читá **ете**	верн **ёте**	занимá **етесь**
	3. они	читá **ют**	верн ý**т**[1]	занимá **ются**[2,3]

[1] **-у**, **-ут** oder [2] **-усь**, **-утся** bei Stammauslaut auf harten Konsonanten.
[3] **-тся** und **-ться** werden gleich ausgesprochen: [тсэ].

Nach der e-Konjugation *regelmäßig gebeugt* werden die Verben auf

56

- **-ать** (-аю, -аешь) отдыхáть — sich erholen: я отдыхáю, ты отдыхáешь
- **-ять** (-яю, -яешь) гулять — spazieren gehen: гуляю, гуляешь
- **-еть** (-ею, -еешь) умéть — können: умéю, умéешь
- **-овать** (-ую, -уешь)! рисовáть — zeichnen: рисýю, рисýешь
- -евать танцевáть — tanzen (↗ 16): танцýю, танцýешь
- **-нуть** (-ну, -нешь прыгнуть *v.* — springen: *Fut.* прыгну, прыгнешь
- oder -нý, -нёшь) вернýться *v.* — zurückkehren: *Fut.* вернýсь, вернёшься

Eine Reihe von Verben wird *unregelmäßig konjugiert*. Hierzu gehören Verben auf

57

- **-ать**(-у, -ешь oder -ёшь) oft mit *Konsonantenwechsel in allen Personen des Präsens* (↗ 26)
     писáть — schreiben: я пишý, ты пишешь
- **-авать** (-аю, -аёшь) давáть — geben: даю, даёшь
- **-ыть** (-ою, -оешь) открыть *v.* — öffnen: *Fut.* открою, откроешь
- **-сти, -сть** (-сý, -сёшь нестú — tragen *zielgerichtet:*   несý, несёшь
- oder -дý, -дёшь) вестú — führen *zielgerichtet:*   ведý, ведёшь
- **-зти, -зть** (-зý, -зёшь) везтú — fahren, befördern *zielgerichtet:* везý, везёшь
- **-чь** (-гу, -жешь ..., -гут) мочь — können: могý, можешь ..., могут

Wichtige unregelmäßige Verben ↗ 99

58 Die Verben der и-Konjugation

Musterwörter: говори́ть учи́ться[2]
— sprechen, reden — lernen, studieren

Zahl	Person		Reflexive Verben (↗ 50)
Sing.	1. я	говор **ю́**	уч **у́сь**[1]
	2. ты	говор **и́шь**	у́ч **ишься**
	3. он, она́, оно́	говор **и́т**	у́ч **ится**[2]
Plur.	1. мы	говор **и́м**	у́ч **имся**
	2. вы	говор **и́те**	у́ч **итесь**
	3. они́	говор **я́т**	у́ч **атся**[1,2]

[1] **-у, -ат** oder **-усь, -атся** bei Stammauslaut auf Zischlaut (↗ **16**).
[2] **-тся** und **-ться** werden gleich ausgesprochen: [тсэ].

59 Nach der и-Konjugation *regelmäßig gebeugt* werden die mehrsilbigen Verben auf

-ить (-ю, -ишь
oder -у, -ишь) *nach Zischlaut*
ве́рить — glauben: я ве́рю, ты ве́ришь
ходи́ть — gehen *nicht zielgerichtet:* хожу́, хо́дишь

In der *1. Person Singular* tritt oft *Konsonantenwechsel* im Stammauslaut auf (↗ **26**):

д ↘ ж	проводи́ть — verbringen; durchführen:	я провожу́, ты прово́дишь
з ↗	вози́ть — fahren, befördern *nicht zielgerichtet*:	вожу́, во́зишь
с → ш	пригласи́ть *v.* — einladen:	*Fut.* приглашу́, пригласи́шь
т ↗ ч	встре́титься *v.* — sich treffen:	*Fut.* встре́чусь, встре́тишься
т ↘ щ	посети́ть *v.* — besuchen:	*Fut.* посещу́, посети́шь
ст → щ	запусти́ть *v.* — anlassen, starten:	*Fut.* запущу́, запу́стишь
б → бл	люби́ть — lieben:	люблю́, лю́бишь
в → вл	гото́вить — vorbereiten:	гото́влю, гото́вишь
м → мл	знако́миться — sich bekannt machen:	знако́млюсь, знако́мишься
п → пл	купи́ть *v.* — kaufen:	*Fut.* куплю́, ку́пишь

60 Einige Verben werden *unregelmäßig gebeugt*. Hierzu gehören Verben auf

• **-еть** (-ю *oder nach Zischlaut* -у, -ишь), oft mit *Konsonantenwechsel in der 1. Person Singular*
смотре́ть — (an)sehen: я смотрю́, ты смо́тришь
ви́деть — sehen: ви́жу, ви́дишь

• **-ять**, *nach Zischlaut* **-ать** (-ю *oder* -у, -ишь)
стоя́ть — stehen: стою́, стои́шь
лежа́ть — liegen: лежу́, лежи́шь

Wichtige unregelmäßige Verben ↗ **99**

Betonung

61

Die meisten mehrsilbigen Verben haben im Präsens unvollendeter bzw. im Futur vollendeter Verben *feste Betonung*:

читáть: я читáю, ты читáешь ...; говори́ть: говорю́, говори́шь ...

Eine Reihe endbetonter Verben (insbesondere der и-Konjugation) hat *bewegliche Betonung* – von der 2. Person Singular an wird der *Akzent* um eine Silbe *zurückgezogen*:

люби́ть: люблю́, лю́бишь...; учи́ться: учу́сь, у́чишься ...

Mit dem *Präfix вы-* abgeleitete *vollendete Verben* haben in allen Formen den Akzent auf dem Präfix:

вы́йти v. – *Fut.* вы́йду, вы́йдешь; *Prät.* вы́шел, вы́шла.

Gebrauch

Die Präsensformen unvollendeter Verben drücken – wie im Deutschen – *gegenwärtiges Geschehen* aus: Es findet in dem Zeitpunkt statt, in dem sich der Sprecher äußert.

62

- Präsens zur Bezeichnung *gegenwärtig ablaufender Handlungen*:
  - Чем занимáется Свéта?   – Was macht Sweta (gerade)?
  - Онá как раз рабóтает на компью́тере.   – Sie arbeitet gerade am Computer.
  - А Сáша?   – Und Sascha?
  - Он, навéрное, смóтрит телеви́зор.   – Er wird (wohl) fernsehen
      (*auch:* Er sieht wohl gerade fern).

Wie das letzte Beispiel zeigt, wird das Präsens im Russischen (zusammen mit einem Schaltwort, ↗ **202**) auch zum Ausdruck eines *vermuteten Geschehens in der Gegenwart* verwendet; im Deutschen steht dafür häufig das Futur I.

- Präsens zum Ausdruck der *Fähigkeit zu einer Handlung*:
  Моя́ сестрá говори́т по-францýзски.   – Meine Schwester spricht (kann) Französisch.

Anders als im Deutschen wird das Präsens gewöhnlich **nicht** zur Bezeichnung **künftigen Geschehens** verwendet; hierfür ist im Russischen das Futur die Regel.

63

– Подожди́, я помогý тебé.   – Warte, ich helfe dir!
(*v. Futur, nicht Präsens!*)

Nur Verben der Bewegung werden mitunter im Präsens zum Ausdruck bereits fest geplanten künftigen Geschehens verwendet.

– Когдá вы уезжáете? – Зáвтра.   – Wann fahrt ihr weg? – Morgen.

Das Präsens ist – wie auch im Deutschen – für *beschreibende Texte* charakteristisch; dabei dominiert die 3. Person (Singular und Plural). Der folgende Beginn einer Beschreibung des Bildes von W. A. Serow «Дéвочка с пéрсиками» enthält nur Prädikate im Präsens.

64

Тёплый лéтний день. Кóмната полнá сóлнца и свéта. За столóм, на котóром лежáт пéрсики, сиди́т дéвочка. Онá óчень краси́ва. К её тёмным глазáм и волосáм, к её рóзовым щекáм так идёт рóзовая блýзка ...

Ein warmer Sommertag. Das Zimmer ist voller Sonne und Licht. Am Tisch, auf dem Pfirsiche liegen, sitzt ein Mädchen. Sie ist sehr hübsch. Zu ihren dunklen Augen und Haaren, zu ihren rosa Wangen passt die rosafarbene Bluse so gut ...

Das Futur

65 ## Bildung

Im Russischen gibt es *zwei Futurformen*: das einfache Futur vollendeter Verben und das zusammengesetzte Futur unvollendeter Verben.

Die Futurformen *vollendeter Verben* werden wie die Präsensformen unvollendeter Verben gebildet (↗ **54**).

Ⓡ Ⓓ Die Futurformen *unvollendeter Verben* werden – dem Deutschen vergleichbar – aus dem Futur des Hilfsverbs быть und dem Infinitiv des unvollendeten Verbs zusammengesetzt.

Musterwörter: прочита́ть v. – lesen   чита́ть – lesen   (учи́ться – lernen)

Zahl	Person	Vollendete Verben	Unvollendete Verben	
Sing.	1. я	прочита́ **ю**	**бу́ду**	
	2. ты	прочита́ **ешь**	**бу́дешь**	
	3. он, она́, оно́	прочита́ **ет**	**бу́дет**	чита́ **ть**
Plur.	1. мы	прочита́ **ем**	**бу́дем**	(учи́ **ться**)
	2. вы	прочита́ **ете**	**бу́дете**	
	3. они́	прочита́ **ют**	**бу́дут**	

66 ## Gebrauch

Ⓡ Ⓓ *Im Deutschen* werden Futurformen des Russischen gewöhnlich durch das *Futur I* oder auch durch das *Präsens* (mit Bezug auf Zukünftiges) wiedergegeben; mitunter können sie auch mithilfe von Modalverben (z. B. *können, wollen*) übersetzt werden.

Beispiele für den Gebrauch vollendeter und unvollendeter Verben im Futur

Vollendete Verben bezeichnen zukünftige Handlungen mit Blick auf ihren *Abschluss, ihr Ergebnis* (→|):

— Кем ты хо́чешь стать, Ко́ля?

— По́сле шко́лы я пойду́ в ПТУ, ста́ну слесарем, как мой оте́ц.

— Was willst du werden, Kolja?

— Nach der Schule gehe ich auf eine technische Berufsschule und werde Schlosser wie mein Vater.

— Куда́ ты идёшь, Лю́ба?

— В кино́. Пойдёшь со мной?

— Wohin gehst du, Ljuba?

— Ins Kino. Kommst du mit? (*Auch*: Willst du mitkommen?)

— Что с Ка́тей? Она́ обеща́ла нам звони́ть.

— Не волну́йся, Ли́да, ве́чером она́ позвони́т.

— Was ist mit Katja los? Sie hatte uns versprochen, (öfter) anzurufen.

— Mach dir keine Sorgen, Lida, sie wird (bestimmt) am Abend anrufen.

Unvollendete Verben bezeichnen zukünftige Handlungen in ihrem ***Verlauf*** (→):

— Чем ты бу́дешь занима́ться в воскресе́нье?

— Was wirst du am Sonntag machen?

— Бу́ду чита́ть, слу́шать му́зыку, встреча́ться с друзья́ми — сло́вом, бу́ду отдыха́ть.

— Ich werde lesen, Musik hören, mich mit Freunden treffen — kurz, ich werde mich erholen.

— Шу́ра, ты собира́ешься поступа́ть в университе́т?

— Schura, hast du vor, auf die Universität zu gehen?

— Я никуда́ не бу́ду поступа́ть. Не хочу́ учи́ться да́льше. Бу́ду рабо́тать.

— Ich gehe nirgendwohin. Ich will nicht weiterlernen. Ich werde (*auch*: will) arbeiten.

Sie bezeichnen eine *sich zukünftig wiederholende Handlung* (→ → →):

— Во вре́мя кани́кул мы ка́ждый день бу́дем ката́ться на лы́жах.

— In den Ferien werden wir jeden Tag Ski fahren.

Sie drücken das Interesse des Sprechers aus, *ob eine Handlung überhaupt stattfinden wird*:

— Ты бу́дешь сего́дня звони́ть Ли́де?
— Обяза́тельно бу́ду.

— Wirst du heute Lida anrufen?
— Ja, unbedingt.

Zukünftige Handlungen werden im Russischen nur selten durch Präsensformen wiedergegeben (↗ 63).

Das Präteritum

Bildung

67

Die Formen des Präteritums vollendeter und unvollendeter Verben werden in gleicher Weise gebildet: An den Infinitivstamm wird das Suffix **-л** angefügt. Es folgt die Endung -a für das weibliche, -o für das sächliche Geschlecht oder -и zur Kennzeichnung des Plurals.

Musterwörter: чита́ть — lesen учи́ться — lernen

Zahl	Geschlecht		Nichtreflexive Verben	Reflexive Verben (↗ 50)
Sing.	*männlich*	я, ты, он	чита́ **л**	учи́ **лся**
	weiblich	я, ты, она́	чита́ **ла**	учи́ **лась**
	sächlich	оно́	чита́ **ло**	учи́ **лось**
Plur.	*alle Geschlechter*	мы, вы, они́	чита́ **ли**	учи́ **лись**

Einige Verben, deren Infinitivstamm auf Konsonanten auslautet, bilden das Präteritum ***unregelmäßig***. Hierzu gehören Verben mit *Ausfall von -л* nur in der männlichen Form Singular:

68

-сти (-с, -сла, -сло; -сли) спасти́ *v.* — retten: он спас, она́ спасла́; они́ спасли́

-зти (-з, -зла, -зло; -зли) везти́ — *etw*. fahren *zielgerichtet*: вёз, везла́; везли́

-чь (-г, -гла, -гло; -гли) помо́чь *v.* — helfen: помо́г, помогла́; помогли́

Wichtige unregelmäßige Verben ↗ 99

69 | Gebrauch

Die Formen des Präteritums vollendeter und unvollendeter Verben drücken **vergangenes Geschehen** aus: Es hat vor dem Zeitpunkt stattgefunden, in dem sich der Sprecher oder die Sprecherin äußert.

Im Deutschen werden die russischen Formen des Präteritums gewöhnlich durch das **Präteritum** oder das **Perfekt** wiedergegeben; gelegentlich wird zum Ausdruck der Vorzeitigkeit auch das **Plusquamperfekt** verwendet.

Die treffende Übersetzung ergibt sich aus dem Sinnzusammenhang. Vgl.:

В то врéмя как Нáдя готóвила обéд, Сергéй убирáл кнíги.
— Während Nadja das Mittagessen <u>vorbereitete</u>, <u>räumte</u> Sergej die Bücher <u>weg</u>. (*Präteritum*)

Смотрú, что я купúл(-а).
— Schau dir an, was ich <u>gekauft</u> <u>habe</u>. (*Perfekt*)

Кáжется, я довóльно удáчно рассказáл(-а) эту шýтку — все смеялись.
— Anscheinend <u>hatte</u> ich diesen Witz recht gut <u>erzählt</u> (*Plusquamperfekt*), denn alle lachten.

*Weitere Beispiele für den Gebrauch vollendeter und unvollendeter Verben (↗ auch **41**)*

- Ein **verneintes Verb** steht **gewöhnlich im unvollendeten Aspekt**: Es wird dadurch ausgedrückt, dass die betreffende Handlung überhaupt nicht stattgefunden hat.
  Ein verneintes Verb im vollendeten Aspekt drückt aus, dass das (mitunter erwartete) Ergebnis der Handlung nicht eingetreten ist.

Алёша не расскáзывал (*uv.*) нам об этом слýчае.
— Aljoscha hat uns von diesem Vorfall nicht erzählt.

Пáуль не приходúл (*uv.*) к нам.
— Paul war nicht bei uns. *Aber*:

Пáуль не пришёл (*v.*), хотя и обещáл.
— Paul ist nicht gekommen, obwohl er es versprochen hatte.

- Für das Präteritum einiger **Aspektpaare, die eine Bewegung ausdrücken** — z. B. взять *v.* / брать, приéхать *v.* / приезжáть, открыть *v.* / открывáть —, gilt:
  Das vollendete Verb im Präteritum kennzeichnet den Vollzug der Handlung.
  Das **unvollendete Verb** drückt aus, dass die Handlung ausgeführt und anschließend wieder rückgängig gemacht worden ist (**hin und zurück**).

Я взял(-á) (*v.*) у Кáти компáкт-диск.
— Ich habe mir von Katja eine CD ausgeliehen. (*Katjas CD ist noch bei mir, während ich das sage.*)

Я брал(-á) (*uv.*) у Кáти компáкт-диск.
— Ich hatte mir von Katja eine CD ausgeliehen. (*Katjas CD ist nicht mehr bei mir: Sie ist zurückgegeben worden.*)

- Treten **beide Aspekte** eines Verbs **in einem Satz** auf, so verweist das unvollendete Verb auf die Handlung in ihrem Verlauf, das vollendete Verb auf das (positive oder negative) Ergebnis der Handlung.

Я учúл(-а) стихотворéние, но не выучил(-а) егó.
— Ich habe das Gedicht gelernt, aber ich kann es noch nicht (ich beherrsche es noch nicht).

Der Konjunktiv

Bildung

Die Konjunktivformen vollendeter und unvollendeter Verben werden in gleicher Weise gebildet: Die Formen des Präteritums werden mit der Partikel бы verbunden.

Musterwörter: читáть — lesen   учи́ться — lernen

Zahl	Geschlecht		Nichtreflexive Verben	Reflexive Verben (↗ 50)
Sing.	*männlich*	я, ты, он	читá **Л** ⎫	учи́ **ЛСЯ** ⎫
	weiblich	я, ты, онá	читá **ла** ⎬ **бы**	учи́ **лась** ⎬ **бы**
	sächlich	онó	читá **ло**	учи́ **лось**
Plur.	*alle Geschlechter*	мы, вы, они́	читá **ЛИ** ⎭	учи́ **лись** ⎭

Gewöhnlich steht бы hinter der Verbform, zu der es gehört.
Бы kann aber auch jedem anderen Wort nachgestellt werden, wenn dieses hervorgehoben werden soll. Es nimmt dann die zweite Stelle im Satz ein.

Я э́того не сде́лал(-а) бы.   — Ich hätte das **nicht getan**.
Я бы э́того не сде́лал(-а).   — **Ich** hätte das nicht getan. *Hervorhebung des Subjekts*
Э́того бы я не сде́лал(-а).   — **Das** hätte ich nicht getan. *Hervorhebung des Objekts*

Konjunktionen éсли бы – *wenn*, что́бы – *dass* oder *damit* ↗ **73**

Gebrauch

Die Formen des Konjunktivs vollendeter und unvollendeter Verben drücken ein ***mögliches oder wünschenswertes Geschehen*** aus: Es könnte zukünftig eintreten oder hätte in der Vergangenheit eintreten können.

Im Deutschen stehen zur Wiedergabe der russischen Konjunktivformen ***zahlreiche deutsche Zeitformen*** zur Verfügung. Vgl.:

он читáл бы — er lese; er läse *oder* er würde lesen; er habe gelesen; er hätte gelesen.

Die treffende Übersetzung ergibt sich oft erst aus dem Sinnzusammenhang.
Vgl. die beiden Übersetzungsmöglichkeiten für die folgenden Sätze:

Сходи́л бы ты к врачу́.

→ — Du solltest zum Arzt gehen.
   (*In die Zukunft gerichtete Empfehlung.*) *Oder:*
— Du hättest zum Arzt gehen sollen.
   (*Bedauern über eine nicht beachtete Empfehlung.*)

Éсли бы Шу́ра пришёл!

→ — Wenn doch Schura (bloß) käme!
   (*In die Zukunft gerichteter Wunsch.*) *Oder:*
— Wenn doch Schura (bloß) gekommen wäre!
   (*Bedauern über einen nicht erfüllten Wunsch.*)

72 | Gebrauch des Konjunktivs in Hauptsätzen

Der Konjunktiv steht

- zum Ausdruck einer **möglichen** (*oder:* nicht mehr möglichen) **Handlung:**

Я с э́тим не спра́влюсь, а брат бы спра́вился.

— Ich werde damit nicht fertig, aber mein Bruder würde es schaffen.

Ни́на прие́хала бы обяза́тельно, но она́ больна́.

— Nina wäre ganz bestimmt gekommen, sie ist aber krank.

- zum Ausdruck einer **freundlichen Aufforderung:**

Вы бы сказа́ли дру́гу об э́том.

— Ihr solltet das eurem Freund sagen. *Oder:*
— Ihr hättet das eurem Freund sagen sollen.

- zum Ausdruck einer **höflichen Bitte**, eines **Wunsches:**

Я хоте́л(-а) бы с тобо́й поговори́ть.

— Ich möchte mit dir reden.

Вы не могли́ бы мне помо́чь?

— Könnt(et) ihr mir nicht (bitte) helfen?

73 | Gebrauch des Konjunktivs in Nebensätzen

Der Konjunktiv steht

- in **Adverbialsätzen des Zwecks** (↗ **265**) zum Ausdruck einer **Absicht**, eines **Zwecks**, eingeleitet durch die Konjunktion (для того́) что́бы — *damit:*

Экскурсово́д говори́л гро́мко, что́бы все его́ слы́шали.

— Der Reiseleiter sprach laut, damit ihn alle hören konnten.

Учи́тель всегда́ даёт де́тям тво́рческое зада́ние, что́бы им не́ было ску́чно.

— Der Lehrer gibt den Kindern immer eine fordernde Aufgabe, damit es ihnen nicht langweilig wird.
(In der deutschen Übersetzung wird im Nebensatz gewöhnlich der Indikativ gebraucht.)

- in **Adverbialsätzen der Bedingung** (↗ **266**), wenn die im Nebensatz genannte **Bedingung** für das im Hauptsatz Gesagte **nicht erfüllt** oder nicht (mehr) erfüllbar ist, eingeleitet durch die Konjunktion е́сли бы — *wenn:*

Е́сли бы вы пришли́ пора́ньше, вы заста́ли бы бра́та здесь.

— Wenn ihr etwas früher gekommen wärt, hättet ihr meinen Bruder hier getroffen.

- in **Objektsätzen** nach Verben wie хоте́ть, пожела́ть *v.* / жела́ть, попроси́ть *v.* / проси́ть, сказа́ть *v.* / говори́ть, wenn der **Inhalt** des Nebensatzes **erwünscht** oder **gefordert** ist, eingeleitet durch die Konjunktion что́бы — *dass:*

Я хочу́, что́бы ты рассказа́л мне всё.

— Ich will, dass du mir alles erzählst.

Ни́на сказа́ла мне, что́бы Во́ва купи́л три биле́та в кино́.

— Nina sagte mir, <u>dass</u> Wowa drei Kinokarten <u>besorgen soll</u> (… solle).

Im Nebensatz steht jedoch der Indikativ, wenn der Inhalt der Äußerung bereits gegeben ist:

Ни́на сказа́ла мне, <u>что</u> Во́ва уже́ <u>купи́л</u> три биле́та в кино́.

— Nina sagte mir, <u>dass</u> Wowa schon drei Kinokarten <u>besorgt hat</u> (… habe).

Gebrauch des Konjunktivs in der indirekten Rede ↗ **270**

Der Imperativ

Bildung

74

Die Formen des ***Imperativs der 2. Person Singular*** vollendeter und unvollendeter Verben werden vom Präsensstamm gebildet:
Man ersetzt die Endung der 3. Person Plural des Präsens bzw. vollendeten Futurs
1. nach Vokal durch **-й**[1],
2. nach Konsonant durch **-ь**[1], wenn die 1. Person Singular *auf dem Stamm betont* ist,
3. nach Konsonant durch **-и**, wenn die 1. Person Singular *auf der Endung betont* ist oder
   wenn der Stamm auf mehrere Konsonanten auslautet.

Der ***Plural des Imperativs*** wird durch Anfügen von **-те** an die Form des Singulars gebildet:
чита́ть — lesen: *Imperativ* чита́й — lies! чита́йте — lest! *oder* lesen Sie!

Die ***Betonung*** richtet sich nach der 1. Person Singular des Präsens bzw. vollendeten Futurs:
спроси́ть *v.* — fragen: *Fut.* я спрошу́, ты спро́сишь; *Imp.* спроси́, спроси́те.

Musterwörter: чита́ть (-а́ют) — lesen   занима́ться (-а́ются) — lernen, studieren
            отве́тить *v.* (*Fut.* -тят) — antworten   знако́миться (-мятся) — kennenlernen
            говори́ть (-ря́т) — sprechen   учи́ться (-ча́тся) — lernen

	Zahl	Nichtreflexive Verben	Reflexive Verben (↗ 50)
1.	*Sing.*	чита́ **й**	занима́ **йся**
	Plur.	чита́ **йте**	занима́ **йтесь**
2.	*Sing.*	отве́т **ь**	знако́м **ься**
	Plur.	отве́т **ьте**	знако́м **ьтесь**
3.	*Sing.*	говор **и́**	уч **и́сь**
	Plur.	говор **и́те**	уч **и́тесь**

Weitere Beispiele zur Bildung des Imperativs

- Regelmäßig nach der e-Konjugation gebeugte Verben auf -ать, -ять, -еть und -овать:
  гуля́ть (они́ гуля́ют) — spazieren gehen: гуля́й, гуля́йте;
  попро́бовать *v.* (*Fut.* попро́буют) — versuchen: попро́буй, попро́буйте.
- Mehrere regelmäßig nach der и-Konjugation gebeugte Verben auf -ить:
  ве́рить (ве́рят) — glauben: верь, ве́рьте.
- Viele regelmäßig nach der и-Konjugation gebeugte Verben auf -и́ть
  sowie nach der e-Konjugation gebeugte Verben auf -ну́ть:
  заплати́ть *v.* (*Fut.* запла́тят) — bezahlen: заплати́, заплати́те;
  верну́ть *v.* (*Fut.* верну́т) — zurückgeben: верни́, верни́те.

Wichtige unregelmäßige Verben ↗ 99

---

[1] Legt man den Auslaut des Präsensstammes (↗ 53) zugrunde, so sind die unter 1. und 2. genannten Singularformen des Imperativs endungslos:
1. *Präsensstamm* чита[j] = *Imperativ* чита́й; 2. *Präsensstamm* отве[т'] = *Imperativ* отве́ть.
Eine echte Endung haben nur die unter 3. genannten Verben: *Präsensstamm* гово[р'] + *Endung* -и.

75 | Gebrauch

Imperativformen der 2. Person drücken *Aufforderungen* — Bitten, Wünsche, Ratschläge, Befehle — eines Sprechers aus, die genannte Handlung zu vollziehen.

! Am Ende von Aufforderungssätzen wird im Russischen gewöhnlich ein *Punkt* gesetzt.

Die *Pluralformen des Imperativs* sind zunächst *mehrdeutig*; vgl.:

Приходи́те к нам в го́сти. → — <u>Besucht</u> uns doch einmal. *(Aufforderung an mehrere vertrau-lich — mit ihr — angeredete Personen) Oder:*

— <u>Besuchen Sie</u> uns doch einmal. *(Aufforderung an eine oder an mehrere höflich — mit Sie — angeredete Personen)*

Eindeutigkeit für die treffende Übersetzung ins Deutsche gibt der Sinnzusammenhang.

76 | Gebrauch vollendeter Verben

Vollendete Verben drücken das *Interesse am Ergebnis der Handlung* aus (→|):

Позвони́ мне за́втра.	— Ruf mich (bitte) morgen an.
Познако́мьтесь, пожа́луйста. Э́то Штёффи, моя́ сестра́. А э́то Ларс, мой друг.	— Macht euch bitte bekannt. Das ist Steffi, meine Schwester, und das ist Lars, mein Freund.
Откро́йте, пожа́луйста, окно́.	— Öffnen Sie bitte das Fenster.
Повтори́те, пожа́луйста, я не рассл́ы-шал(-а).	— Wiederholen Sie bitte, ich habe Sie (akustisch) nicht verstanden.

! Извини́те, ... — *Entschuldigen Sie, ...*
Прости́те, ... — *Verzeihen Sie, ...*
Скажи́те, пожа́луйста, ... — *Sagen Sie bitte, ...*
sind Wendungen, mit denen man oft sprachlichen *Kontakt zu Unbekannten* aufnimmt:

Извини́те, где здесь у́лица Во́лгина? — Entschuldigen Sie, wo ist hier die Wolgin-straße?

Verneinte Imperativformen des vollendeten Aspekts drücken die *Warnung* vor einem unerwünschten Geschehen aus:

Смотри́, не опозда́й.	— Sieh zu, dass du nicht zu spät kommst!
Не забу́дь верну́ть кни́гу в библиоте́ку.	— Vergiss nicht, das Buch in der Bibliothek zu-rückzugeben.

77 | Gebrauch unvollendeter Verben

Unvollendete Verben drücken das Interesse des Sprechers am *Verlauf der Handlung* aus, mitunter auch daran, eine Handlung in Angriff zu nehmen:

Регуля́рно принима́й э́то лека́рство.	— Nimm diese Medizin regelmäßig ein!
Входи́те, раздева́йтесь и проходи́те в ко́мнату.	— Kommt herein, legt ab und geht ins Zimmer. *(Bei der Begrüßung von Gästen)*

Verneinte Imperativformen des unvollendeten Aspekts drücken eine nachdrückliche *Aufforderung* des Sprechers aus, *etwas nicht zu tun*:

Не говори́ Ко́ле об э́том.	— Sag Kolja nichts davon. (Sprich nicht mit Kolja darüber.)
Не покупа́й (*auch:* Не бери́) э́ту блу́зку, она́ тебе́ не идёт.	— Kauf (Nimm) diese Bluse nicht; sie steht dir nicht.

78

Aufforderungen können mit *unterschiedlichen sprachlichen Mitteln* ausgedrückt werden. So kann beispielsweise eine *Bitte* um Hilfe wiedergegeben werden durch

- einen *Aufforderungssatz* mit einem Imperativ:

  Помоги́те мне, пожа́луйста.   — Helft mir bitte. *Oder*: Helfen Sie mir bitte.

- einen *Aussagesatz* mit einer Form von проси́ть oder mit dem prädikativ gebrauchten Adjektiv ну́жен im Präsens:

  Прошу́ вас помо́чь мне.   — Ich bitte euch (*oder*: ... Sie), mir zu helfen.
  Мне нужна́ ва́ша по́мощь.   — Ich brauche eure (*oder*: ... Ihre) Hilfe.

- einen *Fragesatz* mit einem verbalen Prädikat im Konjunktiv (↗ **72**):

  Вы не могли́ бы мне помо́чь?   — Könntet ihr mir nicht (bitte) helfen? *Oder*: Könnten Sie ...?

Besondere Imperativformen

79

Formen der *1. Person Plural des Präsens oder vollendeten Futurs* können (ohne Personalpronomen) die Aufforderung eines Sprechers ausdrücken, die genannte Handlung *gemeinsam mit dem Angesprochenen* auszuführen.
Wendet sich der Sprecher an mehrere Personen oder an eine Person, die er siezt, so kann -те angefügt werden.

Идём.   — Lass uns gehen. Gehen wir.
Пойдёмте в кино́.   — Lasst (*oder*: Lassen Sie ...) uns ins Kino gehen.

Die Aufforderung zu gemeinsamem Handeln kann durch дава́й, дава́йте verstärkt werden:

Дава́йте пойдём купа́ться.   — Kommt, lasst uns baden gehen!
Auch mit Infinitiv: Дава́й танцева́ть.   — Komm, lass uns tanzen.

Umgangssprachlich wird auch die *Pluralform des Präteritums* einzelner vollendeter Verben zum Ausdruck einer nachdrücklichen Aufforderung zu gemeinsamem Handeln gebraucht:

Пошли́ домо́й!   — Los, lass(t) uns nach Hause gehen!

Die *3. Person* Singular oder Plural *des vollendeten Futurs* drückt in Verbindung mit пусть eine Forderung aus, die weder den Sprecher noch den Angesprochenen einschließt:

Пусть он придёт.   — Soll er kommen! Lass ihn kommen!

Das Passiv

80 **Bildung**

 Im Russischen unterscheidet man — wie im Deutschen — Aktiv- und Passivformen der Verben.

- Bezeichnet das grammatische Subjekt eines Satzes den Urheber der Handlung, so steht das verbale Prädikat in der **Aktivform**.

Рабо́чие моско́вской фи́рмы стро́ят   — Arbeiter einer Moskauer Firma errichten
но́вую гости́ницу.   ein neues Hotel.

- Bezeichnet das grammatische Subjekt eines Satzes die Person oder die Sache, auf die die Handlung gerichtet ist, so steht das verbale Prädikat in der **Passivform**.
Wird in einem solchen Satz der Urheber der Handlung genannt, so wird er gewöhnlich durch ein Objekt im Instrumental bezeichnet.

Но́вая гости́ница стро́ится рабо́чими   — Das neue Hotel wird von Arbeitern einer
моско́вской фи́рмы.   Moskauer Firma errichtet.

In den beiden oben genannten Sätzen wird der gleiche Sachverhalt dargestellt. Der Sprecher setzt jedoch **unterschiedliche inhaltliche Akzente**: Im ersten Satz lenkt er die Aufmerksamkeit auf den neuen Bau, im zweiten Satz auf die Herstellerfirma.

Stellung der Satzglieder ↗ 254

81

> Das **Passiv** kann von transitiven Verben (↗ **34**) gebildet werden.
>
> Passivformen **vollendeter Verben** werden gebildet, indem die **Kurzform eines Partizips** des Präteritums Passiv mit einer **Form des Hilfsverbs быть** verbunden wird (↗ **95**):
> постро́ить (v.) mit Akk. — etw. bauen: **быть** постро́ен — gebaut werden.
>
> Passivformen **unvollendeter Verben** werden gebildet, indem an die entsprechende Aktivform ein **Suffix** angefügt wird: nach Konsonant **-ся**, nach Vokal **-сь**.
> Gebräuchlich ist nur die 3. Person (↗ **31**), und als Subjekt treten nur unbelebte Substantive auf.
> стро́ить mit Akk. — etw. bauen: стро́иться — gebaut werden.
>
> Das durch eine Passivform ausgedrückte **Prädikat** stimmt mit dem grammatischen **Subjekt** des Satzes **in Geschlecht und Zahl** oder **in Person und Zahl** überein.

82 **Gebrauch**

Passivformen **vollendeter Verben** bezeichnen — wie die Aktivformen — einmalige **Handlungen**, die ihren **Endpunkt erreicht** haben oder erreichen werden.
Passivformen **unvollendeter Verben** bezeichnen **Handlungen in ihrem Verlauf**.

Im Deutschen werden die russischen Passivformen gewöhnlich durch eine konjugierte Form des Hilfsverbs **werden** und das **Partizip II** des Vollverbs wiedergegeben.

Beispiele für den Gebrauch des Passivs

постро́ить *v.* / стро́ить — bauen, errichten:

Эта гости́ница → была́ постро́ена в 1995 году́.   Dieses Hotel wurde 1995 gebaut
                                                    (... ist ... gebaut worden).
↘ бу́дет постро́ена че́рез год.   ... wird in einem Jahr errichtet
                                    (worden) sein.

Здесь → стро́ится
        стро́илась   } но́вая гости́ница.
        бу́дет стро́иться

Hier wird ein neues Hotel gebaut.
... wurde ... gebaut.
... wird ... gebaut werden.

---

83 Passivformen vollendeter Verben treten oft in **berichtenden Texten** auf. Im folgenden Textauszug aus einem Nachschlagewerk wird über die Geschichte der berühmten Schloss- und Parkanlage in Petrodworez berichtet.

Петродворе́ц (до 1944 го́да Петерго́ф) — го́род под Санкт-Петербу́ргом. Петерго́ф был осно́ван Петро́м Пе́рвым в 1709 году́. Большо́й дворе́ц был заверше́н в 20-е го́ды 18-го ве́ка, а ещё в середи́не того́ же ве́ка он был расши́рен и перестро́ен.
Во вре́мя Второ́й мирово́й войны́ бы́вшая ца́рская резиде́нция была́ си́льно разру́шена. Ны́не она́ по́лностью восстано́влена.

Petrodworez (bis 1944 Peterhof) ist eine Stadt bei Sankt Petersburg. Peterhof wurde von Peter I. 1709 gegründet. Das große Schloss wurde in den zwanziger Jahren des 18. Jahrhunderts vollendet, aber schon Mitte des gleichen Jahrhunderts erweitert und umgebaut.
Während des Zweiten Weltkrieges wurde die ehemalige Zarenresidenz stark zerstört. Heute ist sie vollständig wiederhergestellt.

---

84 Die Kurzform eines Partizips des Präteritums Passiv kann in Verbindung mit einer Form des Hilfsverbs быть auch einen **Zustand** bezeichnen, der durch die genannte Handlung herbeigeführt wurde oder herbeigeführt werden wird.
Dieses sogenannte Zustandspassiv wird **im Deutschen** durch eine konjugierte Form des Hilfsverbs **sein** und das **Partizip II** des Vollverbs wiedergegeben.

Прости́те, э́то ме́сто за́нято?   — Entschuldigen Sie, ist dieser Platz besetzt?
Музе́й закры́т на ремо́нт.   — Das Museum ist wegen Renovierung
                              geschlossen.

Входна́я дверь была́ откры́та.   — Die Eingangstür war geöffnet (... war offen).

Anstelle von Sätzen mit Passivformen werden mitunter **unbestimmt-persönliche Sätze** (↗ **246**) **mit Aktivformen** bevorzugt. Vgl. die unterschiedliche Wiedergabe des Satzes:

Hier werden Konzertkarten verkauft.   Здесь продаю́тся биле́ты (*Nom. Plur.*) на
                                        конце́рты.   *Oder*:
                                        Здесь продаю́т биле́ты (*Akk. Plur.*) на
                                        конце́рты.

Die nicht konjugierten Verbformen

Der Infinitiv

85 Bildung

Kennzeichen des Infinitivs vollendeter und unvollendeter Verben ist das Suffix **-ть**:
Es wird an den auf Vokal auslautenden Infinitivstamm angefügt.

	Nichtreflexive Verben		**Reflexive Verben (↗ 50)**
Aktiv	прочита́ **ТЬ** *v.* – lesen	/ чита́ **ТЬ**	учи́ **ТЬСЯ** – lernen
Passiv (*nur transitive Verben!*)	бы ТЬ прочи́та Н *v.* – gelesen werden	/ чита́ **ТЬСЯ**	–

Einige Verben, deren Stamm auf Konsonanten auslautet, bilden den Infinitiv auf betontes **-ти́**
(reflexiv **-ти́сь**) oder – bei Stammauslaut auf к oder г – auf **-чь**:
нести́ – tragen *zielger.*, прийти́сь *v.*, *unpers.* – müssen, мочь (*Präsens* я могу́) – können.

Wichtige unregelmäßige Verben ↗ 99

Gebrauch

86 Der Infinitiv als Teil eines zusammengesetzten Futurs ↗ 65

Zusammengesetzte Futurformen können *nur von unvollendeten Verben* gebildet werden!

– Каки́е у тебя́ пла́ны на ле́то, Све́та?	– Was hast du im Sommer vor, Sweta?
– Мы с Макси́мом пое́дем на да́чу. Бу́дем купа́ться, рабо́тать в саду́, чита́ть.	– Maxim und ich fahren aufs Land. Wir werden baden, im Garten arbeiten, lesen.

87 Der Infinitiv als Teil eines zusammengesetzten Prädikats

• Nach Phasenverben, die *Beginn*, *Fortsetzung* oder *Ende* einer Handlung bezeichnen, wie
нача́ть *v.* / начина́ть oder стать *v.* – beginnen, anfangen zu,
продолжа́ть – fortsetzen, weiter-,
ко́нчить *v.* / конча́ть – beenden, abschließen, переста́ть *v.* – aufhören zu,
steht immer ein *Infinitiv unvollendeter Verben.*

Ва́ня начина́ет говори́ть по-неме́цки.	– Wanja beginnt deutsch zu sprechen.
Мы переста́ли разгова́ривать.	– Wir hörten auf, uns zu unterhalten.

• Nach den Verben
научи́ть *v.* / учи́ть *mit Akk.* – *jmdn.* unterrichten, *jmdm. etw.* beibringen,
люби́ть – mögen, *etw.* gern tun, уме́ть – können, fähig sein *zu*
steht gewöhnlich ein *Infinitiv unvollendeter Verben.*

Оте́ц научи́л меня́ ходи́ть на лы́жах.	– Mein Vater hat mir das Skilaufen beigebracht.
Я совсе́м не уме́ю танцева́ть.	– Ich kann überhaupt nicht tanzen.

• Infinitiv nach Wörtern, die ein *Können, Müssen, Wollen* ... ausdrücken, ↗ **284–290**

88 Der unabhängige Infinitiv im Satz ↗ 248

Что нам де́лать?	– Was sollen (können) wir tun?

Die Partizipien

Ein Partizip ist eine **Verbform**, die — **wie ein Adjektiv** — mit einem Substantiv verbunden ist. Sie bezeichnet eine **Handlung, die einer Person oder Sache** als Merkmal **zugeordnet ist**. Vgl.

89

Partizip des Präsens Aktiv (*Musterwort*: производи́ть *uv.*)

фи́рма, производя́щая косме́тику   — eine Firma, die Kosmetika herstellt
(= фи́рма, кото́рая произво́дит косме́тику)

Partizip des Präteritums Passiv (*Musterwort*: написа́ть *v.*)

карти́на, напи́санная ру́сским худо́жни-   — das von einem russischen Künstler gemalte
ком (= карти́на, кото́рая напи́сана   Bild
ру́сским худо́жником)

Im Russischen gibt es **vier Partizipien** (im Deutschen nur zwei!), und zwar zwei Partizipien des Aktivs und zwei des Passivs:

Partizip des **Präsens Aktiv** (*uv.*),   Suffixe **-ющ-**, **-ущ-**; **-ящ-**, **-ащ-**;
Partizip des **Präteritums Aktiv** (*v.*),   Suffixe **-вш-** oder **-ш-**;
Partizip des **Präsens Passiv** (*uv.*),   Suffixe **-ем-** oder **-им-**;
Partizip des **Präteritums Passiv** (*v.*), Suffixe **-нн-**, **-енн-** oder **-т-**.

Im Satz wird ein Partizip als Beifügung, als **Attribut zu einem Substantiv** gebraucht.
Mit diesem Substantiv stimmt das Partizip in Geschlecht, Zahl und Fall überein.
Dabei wird es wie ein Adjektiv dekliniert (↗ **136/137**).
Das Partizip kann *vor* dem Substantiv oder — durch Kommas getrennt — *hinter* ihm stehen.

Im Deutschen können die Partizipien oft durch einen Attributsatz wiedergegeben werden.

Partizipien treten in der **Schriftsprache**, selten in der gesprochenen Umgangssprache auf.

Ⓡ Ⓓ

Übersicht über die Partizipien

90

Musterwort: вы́пустить *v.* (*Futur* я вы́пущу) / выпуска́ть — produzieren

Partizipien	Aspekt	Beispiele mit deutscher Übersetzung
Präsens Aktiv ↗ **91**	*uv.*	заво́д, выпуска́**ЮЩ**ий станки́ — der Betrieb, <u>der</u> Werkzeugmaschinen <u>produziert</u>
Präteritum Aktiv ↗ **92**	meist *v.*	заво́д, вы́пусти**ВШ**ий мно́го станко́в — der Betrieb, <u>der</u> viele Werkzeugmaschinen <u>produziert hat</u>
Präsens Passiv ↗ **93**	*uv.*	станки́, выпуска́**ЕМ**ые э́тим заво́дом — die Werkzeugmaschinen, <u>die</u> von diesem Betrieb <u>produziert</u> <u>werden</u>
Präteritum Passiv[1] ↗ **94**	*v.*	станки́, вы́пущ**ЕНН**ые э́тим заво́дом — die von diesem Betrieb <u>produzierten</u> Werkzeugmaschinen

[1] *Kurzformen* des Partizips des Präteritums Passiv ↗ **95**

91 | Das Partizip des Präsens Aktiv

> Das Partizip ist zu erkennen an den Suffixen **-ющ-**, **-ущ-** bei Verben der e-Konjugation
> oder **-ящ-**, **-ащ-** bei Verben der и-Konjugation.

Das Suffix und die Adjektivendung werden an den Präsensstamm eines unvollendeten Verbs angefügt, z. B.:

рабо́тающий (zu рабо́тать, они́ рабо́тают)	– arbeitend; jemand, der arbeitet
басту́ющий (zu бастова́ть, басту́ют)	– streikend; jemand, der streikt
живу́щий (zu жить, живу́т)	– wohnend; jemand, der wohnt
говоря́щий (zu говори́ть, говоря́т)	– sprechend; jemand, der spricht
уча́щийся (zu учи́ться, у́чатся)	– lernend, studierend; jemand, der lernt, studiert

! Die Partizipien reflexiver Verben haben immer (auch nach Vokal) -ся:

уча́щая**ся** молодёжь	– die lernende (studierende) Jugend (vgl. **50**)

Das Partizip stimmt als einfaches oder erweitertes **_Attribut_** mit dem Substantiv, auf das es sich bezieht, in Geschlecht, Zahl und Fall überein:

спя́щая де́вочка	– ein schlafendes Mädchen
успе́шно де́йствующее предприя́тие	– ein erfolgreich arbeitendes Unternehmen
рабо́тать в фи́рме, производя́щей косме́тику	– in einer Firma arbeiten, die Kosmetika herstellt

In einem Satz bezeichnet das Partizip eine Handlung, die **_zu gleicher Zeit wie die Handlung des Prädikats_** abläuft (oder abgelaufen ist).

R|D Im Deutschen kann ein solches Partizip durch das Partizip I (-d) oder durch einen Attributsatz im Aktiv wiedergegeben werden, der mit _der, die, das_ eingeleitet wird.

На́шей фи́рме нужны́ специали́сты, зна́ющие англи́йский и францу́зский языки́.	– Unsere Firma braucht Fachleute mit Englisch- und Französischkenntnissen.
Журнали́ст говори́л с же́нщинами, рабо́тающими на космети́ческой фа́брике.	– Der Journalist sprach mit Frauen, die in einer Kosmetikfirma arbeiten.

У мужчи́ны бы́ли очки́, увели́чивающие глаза́.	– Der Mann hatte eine Brille, die seine Augen größer erscheinen ließ.
Франк посмотре́л на молоду́ю же́нщину, сидя́щую на скаме́йке.	– Frank sah zu der jungen Frau, die auf einer Bank saß.

Das Partizip des Präteritums Aktiv

92

> Das Partizip ist zu erkennen an den Suffixen **-ВШ-** bei Stammauslaut auf Vokal
> oder **-Ш-** bei Stammauslaut auf Konsonant.

Das Suffix und die Adjektivendung werden an den Infinitivstamm meist vollendeter Verben angefügt, z. B.:

организова́вший (*zu* организова́ть *v. / uv.*)	– jemand, der etwas organisiert hat(te)
рабо́тавший (*zu* рабо́тать *uv.*)	– jemand, der gearbeitet hat(te)
поступи́вший в институ́т (*zu* поступи́ть *v.*)	– jemand, der an einem Institut zu studieren begonnen hat(te)
откры́вший (*zu* откры́ть *v.*)	– jemand, der etwas eröffnet hat(te)
принёсший (*zu* принести́ *v.*)	– jemand, der etwas gebracht hat(te)

Die Partizipien reflexiver Verben haben immer (auch nach Vokal) -ся:

тури́сты, верну́вшие**ся** из Росси́и	– die aus Russland zurückgekehrten Touristen (vgl. **50**)

Das Partizip stimmt als einfaches oder erweitertes *Attribut* mit dem Substantiv, auf das es sich bezieht, in Geschlecht, Zahl und Fall überein:

ю́ноши и де́вушки, око́нчившие шко́лу	– Jugendliche, die die Schule abgeschlossen haben (hatten)
Валенти́на, рабо́тавшая тре́нером	– Valentina, die als Trainerin gearbeitet hat(te)
предпринима́тель, откры́вший но́вую фи́рму	– ein Unternehmer, der eine neue Firma gegründet hat(te)

In einem Satz bezeichnet das Partizip vollendeter Verben eine in sich geschlossene Handlung, die *der Handlung des Prädikats vorausgegangen* ist.
Im Deutschen kann das Partizip durch einen Attributsatz im Aktiv wiedergegeben werden, der mit *der, die, das* eingeleitet wird.

Ви́ктор, роди́вшийся и око́нчивший шко́лу в Волгогра́де, собира́ется перее́хать в Смоле́нск.	– Viktor, der in Wolgograd geboren ist und hier die Schule abgeschlossen hat, beabsichtigt, nach Smolensk umzuziehen.
Студе́нты, проше́дшие пра́ктику, верну́лись в Москву́.	– Die Studenten, die ihr Praktikum absolviert hatten, kehrten nach Moskau zurück.
Тяжело́ заболе́вшего ма́льчика положи́ли в больни́цу.	– Den schwer erkrankten Jungen wies man in ein Krankenhaus ein (*oder:* Der schwer erkrankte Junge wurde ... eingewiesen).

93 | Das Partizip des Präsens Passiv

> Das Partizip ist zu erkennen an den Suffixen **-ем-** bei Verben der e-Konjugation
> oder **-им-** bei Verben der и-Konjugation.

Das Suffix und die Adjektivendung werden an den Präsensstamm unvollendeter transitiver Verben angefügt, z. B.:

уважа́емый (*zu* уважа́ть, они́ уважа́ют) — jemand, der geachtet, verehrt wird; sehr geehrter

люби́мый (*zu* люби́ть, лю́бят) — jemand, der geliebt wird

Das Partizip stimmt als einfaches oder erweitertes **Attribut** mit dem Substantiv, auf das es sich bezieht, in Geschlecht, Zahl und Fall überein. Es kann durch ein Substantiv oder Pronomen im Instrumental erweitert sein, das den Urheber der Handlung benennt.

соревнова́ния, проводи́мые на стадио́не — die Wettkämpfe, die im Stadion durchgeführt werden

уважа́емый все́ми преподава́тель — der von allen geachtete Lehrer

In einem Satz bezeichnet das Partizip eine Handlung, die *zu gleicher Zeit wie die Handlung des Prädikats* durchgeführt wird.

Im Deutschen kann das Partizip durch einen Attributsatz im Passiv wiedergegeben werden, der mit *der, die, das* eingeleitet wird.

Маши́ны, выпуска́емые на́шим заво́дом, экспорти́руются в ра́зные стра́ны. — Die Maschinen, die in unserem Werk hergestellt werden, werden in verschiedene Länder exportiert. *Oder:* Die in unserem Werk hergestellten Maschinen ...

Мно́гие предпринима́тели подде́рживают рефо́рмы, проводи́мые прави́тельством. — Viele Unternehmer unterstützen die Reformen der Regierung.

94 | Das Partizip des Präteritums Passiv

> Das Partizip ist zu erkennen an den Suffixen
> **-нн-** bei Auslaut des Infinitivstammes auf einen Vokal
> oder **-енн-**, (betont) **-ённ-** bei Auslaut des Präsensstammes auf einen Konsonanten
> oder **-т-** bei Auslaut des Infinitivstammes auf einen Vokal.

Das Suffix und die Adjektivendung werden an den Infinitiv- oder den Präsensstamm vollendeter transitiver Verben angefügt, z. B.:

напи́санный (zu написа́ть *v.*) — geschrieben; etw., was geschrieben worden ist

организо́ванный (zu организова́ть *v./uv.*) — organisiert; etw., was organisiert worden ist

постро́енный (zu постро́ить *v.*, *Fut.* они́ постро́ят) — gebaut; etw., was gebaut worden ist

переведённый (zu перевести́ *v.*, *Fut.* они́ переведу́т) — übersetzt; etw., was übersetzt worden ist

откры́тый (zu откры́ть *v.*) — geöffnet; etw., was geöffnet worden ist

Das Partizip stimmt als einfaches oder erweitertes *Attribut* mit dem Substantiv, auf das es sich bezieht, in Geschlecht, Zahl und Fall überein. Es kann durch ein Substantiv oder Pronomen im Instrumental erweitert sein, das den Urheber der Handlung benennt.

статья́, напи́санная ру́сским журнали́стом	– der von einem russischen Journalisten geschriebene Artikel
текст, переведённый на неме́цкий язы́к	– der ins Deutsche übersetzte Text
зда́ние, постро́енное изве́стным архите́ктором	– das von einem bedeutenden Architekten errichtete Gebäude
откры́тая дверь	– die geöffnete (offene) Tür

In einem Satz bezeichnet das Partizip eine in sich geschlossene Handlung, die *zeitlich vor der Handlung des Prädikats* durchgeführt worden ist.

Im Deutschen kann das Partizip durch ein Partizip II (-t oder -en) oder durch einen Attributsatz im Passiv wiedergegeben werden, der mit *der, die, das* eingeleitet wird.

Третьяко́вская галере́я, осно́ванная в 1856 году́ Па́влом Миха́йловичем Третьяко́вым, кру́пный музе́й ру́сского иску́сства.	– Die Tretjakowgalerie, die 1856 von Pawel Michailowitsch Tretjakow gegründet wurde, ist ein bedeutendes Museum für russische Kunst.
В галере́е большо́е собра́ние карти́н, напи́санных изве́стными ру́сскими худо́жниками.	– In der Galerie gibt es eine große Sammlung von Bildern, die von bekannten russischen Künstlern gemalt worden sind.
Ко́мплекс Третьяко́вской галере́и, реконструи́рованный в 1985–1995 года́х, нахо́дится в са́мом це́нтре Москвы́.	– Der Gebäudekomplex der Tretjakowgalerie, der in den Jahren 1985 bis 1995 saniert worden ist, befindet sich direkt im Stadtzentrum von Moskau.
В музе́е, откры́том ка́ждый день, кро́ме понеде́льника, всегда́ мно́го посети́телей из ра́зных стран ми́ра.	– In dem Museum, das täglich außer montags geöffnet ist, sind ständig viele Besucher aus verschiedenen Ländern der Erde.

Die Kurzformen des Partizips | 95

> Sie sind zu erkennen an den Suffixen **-н-** oder **-ен-**, (betont) **-ён-** oder **-т-**.

Das Suffix und eine Endung (*männlich*: endungslos, *weiblich*: -а, *sächlich*: -о, *Plural*: -ы) werden an den Infinitiv- oder den Präsensstamm vollendeter transitiver Verben angefügt, z. B.:

напи́сан, напи́сана, напи́сано; напи́саны (zu написа́ть v.)	– (… ist; sind) geschrieben worden
постро́ен, -а, -о; -ы (zu постро́ить v.)	– (… ist; sind) gebaut, errichtet worden
переведён, переведена́, переведено́; переведены́ (zu перевести́ v.)	– (… ist; sind) übersetzt worden
откры́т, -а, -о; -ы (zu откры́ть v.)	– (… ist; sind) geöffnet worden

Die Kurzformen des Partizips bilden zusammen mit Formen des Hilfsverbs быть *Passivformen* (↗ **31**, **81**).

Die Adverbialpartizipien

96 Ein Adverbialpartizip ist eine unveränderliche **Verbform**, die **wie ein Adverb** verwendet wird. Im Satz bezeichnet diese Verbform eine **Nebenhandlung, die nähere Umstände der Haupthandlung** des Satzes **wiedergibt**.

Adverbialpartizip auf -я, -а (*Musterwort:* разгова́ривать *uv.*)

Ве́село разгова́ривая, ребя́та шли по у́лице. — Fröhlich miteinander redend, gingen die
Jungen die Straße entlang.

Vgl.: Ребя́та шли по у́лице. Они́ ве́село разгова́ривали.

Adverbialpartizip auf -в oder -ши (*Musterwort:* уви́деть *v.*)

Уви́дев Та́ню, ребя́та поздоро́вались с ней. — Als die Jungen Tanja sahen, begrüßten sie
sie.

Vgl.: Ребя́та уви́дели Та́ню и поздоро́вались с ней.

Ⓡ Ⓓ

> Im Russischen gibt es **zwei Adverbialpartizipien** (nur des Aktivs):
> - das Adverbialpartizip auf **-я, -а,** meist von unvollendeten Verben gebildet,
> - das Adverbialpartizip auf **-в** oder **-вши,** meist von vollendeten Verben gebildet.
> Im Deutschen gibt es solche Verbformen nicht.
>
> Im Satz wird ein — häufig erweitertes und dann in Kommas eingeschlossenes — Adverbialpartizip als **Adverbialbestimmung** gebraucht. Es bezeichnet eine Nebenhandlung, die die Haupthandlung des Satzes (die Handlung des Prädikats) näher erläutert.
> Haupt- und Nebenhandlung beziehen sich auf **das gleiche Subjekt** des Satzes.
>
> Ein Adverbialpartizip
> - des **unvollendeten Aspekts** bezeichnet gewöhnlich eine Nebenhandlung,
>   die **zu gleicher Zeit wie die Handlung des Prädikats** abläuft (oder abgelaufen ist),
> - des **vollendeten Aspekts** bezeichnet gewöhnlich eine Nebenhandlung,
>   die **der Handlung des Prädikats vorausgegangen** ist.
>
> **Im Deutschen** können erweiterte Adverbialpartizipien häufig durch **Adverbialsätze** wiedergegeben werden.
>
> Adverbialpartizipien werden vor allem in der **Schriftsprache** verwendet.

97 **Übersicht über die Adverbialpartizipien**

Musterwort: прочита́ть *v.* / чита́ть — lesen

Adverbialpartizipien *zum Ausdruck der*	Aspekt	Beispiele mit deutscher Übersetzung
Gleichzeitigkeit mit Haupthandlung	*uv.*	чита́ **я** — lesend, beim Lesen; während *jemand*[1] liest (las)
Vorzeitigkeit vor Haupthandlung	*v.*	прочита́ **в** — nach dem Lesen; nachdem *jemand*[1] gelesen hat(te)

[1] Abhängig vom Subjekt des Satzes kann sich das Adverbialpartizip auf *alle Personen des Singulars und Plurals* beziehen.

Weitere Beispiele

- Adverbialpartizipien auf **-я** oder **-а** (nach Zischlaut) — abgeleitet vom Präsensstamm:

говоря́ (*zu* говори́ть, они́ говоря́т)	— sprechend, beim Sprechen
смея́сь (*zu* смея́ться, смею́тся)	— lachend
уча́сь (*zu* учи́ться, у́чатся)	— lernend, während der Ausbildung; während *jemand* lernt(e)

- Adverbialpartizipien auf **-в** oder **-вши** — abgeleitet vom Infinitivstamm:

потеря́в (*zu* потеря́ть v.)	— nachdem *jemand* etwas verloren hatte
заме́тив (*zu* заме́тить v.)	— nachdem *jemand* bemerkt hatte
верну́вшись (*zu* верну́ться v.)	— zurückgekehrt; nachdem *jemand* zurückgekehrt war

Wiedergabe im Deutschen

98

Adverbialpartizipien sind oft durch ein Objekt oder eine Adverbialbestimmung erweitert. Ihre Wiedergabe im Deutschen kann durch einen *Adverbialsatz* erfolgen, z. B. durch einen

- Adverbialsatz der Zeit — eingeleitet durch **als**, **während** (zum Ausdruck der Gleichzeitigkeit); **nachdem** (zum Ausdruck der Vorzeitigkeit):

Начина́я э́ту рабо́ту, <u>мы не ду́мали</u>, что она́ бу́дет тако́й тру́дной.	— Als wir diese Arbeit begannen, dachten wir nicht, dass sie so schwierig wird (würde).
Купи́в но́вый фотоаппара́т, <u>И́горь спеши́л</u> домо́й.	— Nachdem Igor eine neue Kamera gekauft hatte, lief er nach Hause.

- Adverbialsatz der Art und Weise — eingeleitet durch **indem**, **wobei** oder (verneint) **ohne zu**:

Набира́я ско́рость, <u>по́езд отошёл</u> от ста́нции.	— Der Zug verließ die Station, wobei er die Geschwindigkeit erhöhte. *Oder:* ... verließ... und erhöhte ....
Ничего́ не говоря́, <u>Марк вы́шел</u> из ко́мнаты.	— Ohne irgendetwas zu sagen, verließ Mark das Zimmer.

- Adverbialsatz des Grundes — eingeleitet durch **da**, **weil**:

Живя́ в Москве́ и обща́ясь с ру́сскими, <u>Себа́стьян</u> дово́льно бы́стро вы́учил ру́сский язы́к.	— Da Sebastian in Moskau wohnte und mit Russen verkehrte, lernte er sehr schnell Russisch.

- Adverbialsatz der Einräumung — eingeleitet durch **obwohl**:

О́чень стра́нно, но прожи́в в дере́вне три ме́сяца, <u>я</u> почти́ никого́ <u>не знал</u>.	— Es ist sehr seltsam, aber obwohl ich drei Monate auf dem Lande gelebt hatte, kannte ich dort fast niemanden.

Das Subjekt des Satzes wird im Deutschen bereits im Adverbialsatz genannt, wenn dieser *vor dem Hauptsatz* steht; siehe die obigen Beispiele.

Wichtige unregelmäßige Verben

99 Die alphabetisch angeordnete Liste enthält ausgewählte Verben, die sich von den regelmäßig konjugierten Verben der e-Konjugation (↗ 56) und der и-Konjugation (↗ 59) durch besondere grammatische Formen unterscheiden. Aufgeführt werden:

- der *Infinitiv* des Stichwortes und seine deutsche Grundbedeutung,
- die Leitformen des *Präsens* unvollendeter Verben *oder* des *Futurs* vollendeter Verben, in der Regel die 1. und die 2. Person Singular (erforderlichenfalls auch die 3. Person Plural),
- die Form des *Imperativs* im Singular (zur regelmäßigen Bildung des Imperativs ↗ 74),
- die Formen des *Präteritums* nur, wenn sie unregelmäßig gebildet sind oder Betonungswechsel aufweisen (zur regelmäßigen Bildung des Präteritums ↗ 67).

Dem Stichwort sind häufig – eingerückt – weitere Verben zugeordnet, die in gleicher Weise konjugiert werden. Meist handelt es sich dabei um Verben, die mithilfe von Präfixen abgeleitet sind. In einigen Fällen wird auch auf mögliche Fehlerquellen aufmerksam gemacht (!).

 Einige Wörter haben *zwei* Betonungsmöglichkeiten.

Infinitiv – deutsche Bedeutung	Präsens oder v. Futur; unregelmäßiges Präteritum	Imperativ
Б **бежа́ть** *zielger.* – laufen, rennen	бегу́, бежи́шь, бегу́т	беги́
прибежа́ть *v.* – herbeilaufen	прибегу́, прибежи́шь, ...	прибеги́
убежа́ть *v.* – weglaufen	убегу́, убежи́шь, ...	убеги́
! бе́гать *nicht zielger.* – laufen, rennen	*regelm.* бе́гаю, бе́гаешь	бе́гай
бить – schlagen	бью, бьёшь	бей
уби́ть *v.* – töten; ermorden	убью, убьёшь	не убе́й
боле́ть – schmerzen, wehtun	*3. Pers. Sing.* боли́т	
! боле́ть – krank sein	*regelm.* боле́ю, боле́ешь	не боле́й
боро́ться – kämpfen	борю́сь, бо́решься	бори́сь
боя́ться *mit Gen.* – sich fürchten *vor*	бою́сь, бои́шься	не бо́йся
брать – nehmen; ausleihen	беру́, берёшь; брал, -ла́, -ло	бери́
вы́брать *v.* – auswählen	вы́беру, вы́берешь; вы́брал, -ла, -ло	вы́бери
собра́ть *v.* – sammeln	соберу́, соберёшь; собра́л, -ла́, -ло	собери́
убра́ть *v.* – weg-, aufräumen	уберу́, уберёшь; убра́л, -ла́, -ло	убери́
бра́ться за *mit Akk.* – *etw.* in Angriff nehmen	беру́сь, берёшься; бра́лся, -ла́сь, -ло́сь	бери́сь
собра́ться *v.* – zusammenkommen	соберу́сь, соберёшься; собра́лся, -ла́сь, -ло́сь	собери́сь
быть – sein	*3. Pers. Sing.* есть; *Fut.* бу́ду, бу́дешь; был, -ла́, -ло; не́ был, не была́, не́ было	будь
прибы́ть (*v.*) в *mit Akk.* – ankommen in	прибу́ду, прибу́дешь; при́был, прибыла́, при́было	прибу́дь

Infinitiv – deutsche Bedeutung	Präsens oder v. Futur; unregelmäßiges Präteritum	Imperativ	
везти́ *zielger.* – *jmdn., etw.* fahren, befördern	везу́, везёшь; вёз, везла́, -ло́	вези́	**В**
привезти́ *v.* – *etw.* liefern, *jmdn.* bringen	привезу́, привезёшь, ...	привези́	
вести́ *zielger.* – *jmdn.* führen, *etw.* lenken	веду́, ведёшь; вёл, вела́, -ло́	веди́	
перевести́ *v.* – überführen; übersetzen	переведу́, переведёшь, ...	переведи́	
привести́ *v.* – bringen, herführen; *etw.* nennen	приведу́, приведёшь, ...	приведи́	
провести́ *v.* – verbringen; durchführen	проведу́, проведёшь, ...	проведи́	
произвести́ *v.* – produzieren, erzeugen	произведу́, произведёшь, ...	произведи́	
взять *v.* – nehmen; ausleihen	возьму́, возьмёшь; взял, взяла́, -ло	возьми́	
взя́ться (*v.*) за *mit Akk.* – *etw.* in Angriff nehmen	возьму́сь, возьмёшься; взя́лся, взяла́сь, -ло́сь	возьми́сь	
ви́деть – sehen, erblicken	ви́жу, ви́дишь		
уви́деть *v.* zu ви́деть	уви́жу, уви́дишь		
висе́ть – hängen	*3. Pers. Sing.* виси́т		
возни́кнуть *v.* – entstehen	*3. Pers. Sing.* возни́кнет; возни́к, возни́кла, -ло		
гляде́ть – schauen, blicken	гляжу́, гляди́шь	гляди́	**Г**
вы́глядеть *uv.* – aussehen	вы́гляжу, вы́глядишь		
горе́ть – brennen	*3. Pers. Sing.* гори́т		
дава́ть – geben	даю́, даёшь; дава́л	дава́й	**Д**
отдава́ть – weg-, zurückgeben	отдаю́, отдаёшь, ...	отдава́й	
передава́ть – übergeben; wiedergeben	передаю́, передаёшь, ...	передава́й	
продава́ть – verkaufen	продаю́, продаёшь, ...	продава́й	
дать *v.* zu дава́ть	дам, дашь, даст, дади́м, дади́те, даду́т; дал, дала́, да́ло́; не́ дал, не дала́, не дало	дай	
отда́ть *v.* zu отдава́ть	отда́м, отда́шь, ...; о́тдал, отдала́, о́тдало	отда́й	
переда́ть *v.* zu передава́ть	переда́м, переда́шь, ...; пе́редал, передала́, пе́редало	переда́й	
прода́ть *v.* zu продава́ть	прода́м, прода́шь, ...; про́дал, продала́, про́дало	прода́й	
держа́ть – halten; stützen	держу́, де́ржишь	держи́	
поддержа́ть *v.* – unterstützen; zustimmen	поддержу́, подде́ржишь	поддержи́	
-деть(ся):			
наде́ть *v.* – *etw.* anziehen	наде́ну, наде́нешь	наде́нь	
оде́ться *v.* – sich anziehen	оде́нусь, оде́нешься	оде́нься	
доби́ться (*v.*) *mit Gen.* – *etw.* erreichen	добью́сь, добьёшься	добе́йся	

Infinitiv – deutsche Bedeutung	Präsens oder v. Futur; unregelmäßiges Präteritum	Imperativ
Е есть – essen	ем, ешь, ест, еди́м, еди́те, едя́т; ел	ешь
съесть *v.* – aufessen, verzehren	съем, съешь, ...	съешь
! есть ↗ быть		
е́хать *zielger.* – fahren	е́ду, е́дешь; е́хал	поезжа́й
переéхать *v.* – hinüberfahren; umziehen	переéду, переéдешь; переéхал	переезжа́й
поéхать *v.* – losfahren	поéду, поéдешь, ...	поезжа́й
приéхать (*v.*) в *mit Akk.* – ankommen in	приéду, приéдешь, ...	приезжа́й
проéхать *v.* – durchfahren; überqueren	проéду, проéдешь, ...	проезжа́й
уéхать *v.* – weg-, abfahren	уéду, уéдешь, ...	уезжа́й
! éздить *nicht zielger.* – fahren	*regelm.* éзжу, éздишь	éзди
Ж ждать *mit Akk. oder Gen.* – warten *auf*	жду, ждёшь; ждал, ждала́, -ло	жди
подожда́ть *v.* – eine Zeit lang warten	подожду́, подождёшь, ...	подожди́
жить – leben, wohnen	живу́, живёшь; жил, жила́, жи́ло; нé жил, не жила́, нé жило	живи́
З забы́ть *v.* – vergessen	забу́ду, забу́дешь	не забу́дь
зави́сеть от *mit Gen.* – abhängen von	зави́шу, зави́сишь	
звать – rufen; nennen	зову́, зовёшь; звал, звала́, -ло	зови́
назва́ть *v.* – (be)nennen, bezeichnen	назову́, назовёшь, ...	назови́
звуча́ть – klingen, ertönen	*3. Pers. Sing.* звучи́т	
-знавать(ся):		
узнава́ть – erfahren; *etw.* kennenlernen	узнаю́, узнаёшь	узнава́й
! узна́ть *v. zu* узнава́ть	*regelm.* узна́ю, узна́ешь	узна́й
признава́ться в *mit Präp.* – *etw.* eingestehen	признаю́сь, признаёшься	признава́йся
! призна́ться *v. zu* признава́ться	*regelm.* призна́юсь, призна́ешься	призна́йся
И идти́ *zielger.* – gehen	иду́, идёшь; шёл, шла, шло	иди́
войти́ *v.* – hineingehen	войду́, войдёшь; вошёл, вошла́, вошло́	войди́
вы́йти *v.* – hinausgehen	вы́йду, вы́йдешь; вы́шел, вы́шла, вы́шло	вы́йди
зайти́ *v.* – vorbeikommen	зайду́, зайдёшь; зашёл, зашла́, зашло́	зайди́
перейти́ *v.* – überqueren; versetzt werden	перейду́, перейдёшь; перешёл, перешла́, перешло́	перейди́
подойти́ (*v.*) к *mit Dat.* – herangehen an	подойду́, подойдёшь; подошёл, подошла́, подошло́	подойди́
прийти́ *v.* – (an)kommen	приду́, придёшь; пришёл, пришла́, пришло́	приди́

Infinitiv – deutsche Bedeutung	Präsens oder v. Futur; unregelmäßiges Präteritum	Imperativ
пройти́ v. – durchqueren; verstreichen	пройду́, пройдёшь; прошёл, прошла́, прошло́	пройди́
уйти́ v. – weggehen	уйду́, уйдёшь; ушёл, ушла́, ушло́	уйди́
иска́ть – suchen	ищу́, и́щешь	ищи́

		К
-казать:		
заказа́ть v. – bestellen	закажу́, зака́жешь	закажи́
показа́ть v. – zeigen	покажу́, пока́жешь	покажи́
каза́ться – scheinen, den Anschein erwecken	кажу́сь, ка́жешься	
оказа́ться (v.) mit Instr. – sich erweisen als	окажу́сь, ока́жешься	
отказа́ться v. – sich weigern, ablehnen	откажу́сь, отка́жешься	откажи́сь
показа́ться v. zu каза́ться	покажу́сь, пока́жешься	
класть – legen, stecken	кладу́, кладёшь; клал	клади́
крича́ть – schreien	кричу́, кричи́шь	кричи́
закрича́ть v. – aufschreien	закричу́, закричи́шь	закричи́
-крыть:		
закры́ть v. – schließen	закро́ю, закро́ешь	закро́й
откры́ть v. – öffnen	откро́ю, откро́ешь	откро́й

		Л
лежа́ть – liegen	лежу́, лежи́шь	лежи́
лете́ть zielger. – fliegen	лечу́, лети́шь	лети́
! **лета́ть** nicht zielger. – fliegen	regelm. лета́ю, лета́ешь	лета́й
лечь v. – sich hinlegen	ля́гу, ля́жешь, ля́гут; лёг, легла́, легло́	ляг

		М
молча́ть – schweigen	молчу́, молчи́шь	молчи́
мочь – können	могу́, мо́жешь, мо́гут; мог, могла́, могло́	
смочь v. zu мочь	смогу́, смо́жешь, …	

		Н
наде́яться – hoffen	наде́юсь, наде́ешься	наде́йся
найти́ v. – finden	найду́, найдёшь; нашёл, нашла́, нашло́	найди́
нача́ть v. – etw. beginnen	начну́, начнёшь; на́чал, начала́, на́чало	начни́
нача́ться v. – beginnen, anfangen	3. Pers. Sing. начнётся; начался́, начала́сь, начало́сь	
нести́ zielger. – tragen	несу́, несёшь; нёс, несла́, несло́	неси́
принести́ v. – bringen	принесу́, принесёшь; …	принеси́
! носи́ть nicht zielger. zu нести́	regelm. ношу́, но́сишь	носи́
-нять(ся):		
подня́ть v. – auf-, hochheben	подниму́, подни́мешь; по́днял, подняла́, по́дняло	подними́

Infinitiv – deutsche Bedeutung	Präsens oder v. Futur; unregelmäßiges Präteritum	Imperativ
подня́ться *v.* — hinaufsteigen	подниму́сь, подни́мешься; подня́лся, подняла́сь, подняло́сь	подним́сь
приня́ть *v.* — an-, entgegennehmen	приму́, при́мешь; при́нял, приняла́, при́няло	прими́
снять *v.* — herunternehmen; ausziehen	сниму́, сни́мешь; снял, сняла́, сня́ло	сними́

П пасть *v.* — fallen	паду́, падёшь; пал	
напа́сть (*v.*) на *mit Akk.* — *jmdn.* überfallen	нападу́, нападёшь; напа́л	
попа́сть *v.* — hinkommen, gelangen	попаду́, попадёшь; попа́л	
петь — singen	пою́, поёшь; пел	пой
! пить — trinken (↗ unten!)		
писа́ть — schreiben; malen	пишу́, пи́шешь	пиши́
записа́ть *v.* — aufschreiben	запишу́, запи́шешь	запиши́
написа́ть *v. zu* писа́ть	напишу́, напи́шешь	напиши́
пить — trinken	пью, пьёшь; пил, пила́, пи́ло	пей
вы́пить *v.* — austrinken	вы́пью, вы́пьешь; вы́пил	вы́пей
пла́кать — weinen	пла́чу, пла́чешь	не плачь
! плати́ть — (be)zahlen	*regelm.* плачу́, пла́тишь	плати́
плыть *zielger.* — schwimmen	плыву́, плывёшь; плыл, -ла́, -ло	плыви́
! пла́вать *nicht zielger.* — schwimmen	*regelm.* пла́ваю, пла́ваешь	пла́вай
поги́бнуть *v.* — umkommen	поги́бну, поги́бнешь; поги́б, поги́бла, -ло	не поги́бни
помо́чь *v.* — helfen	помогу́, помо́жешь; помо́г, помогла́, -ло́	помоги́
поня́ть *v.* — verstehen	пойму́, поймёшь; по́нял, поняла́, по́няло	пойми́
посла́ть *v.* — schicken, senden	пошлю́, пошлёшь	пошли́
привы́кнуть (*v.*) к *mit Dat.* — sich gewöhnen an	привы́кну, привы́кнешь; привы́к, привы́кла, -ло	привы́кни
прийти́сь *v.*, *unpers.* — müssen	*nur 3. Pers. Sing.* придётся; пришло́сь	

Р **расти́** — wachsen	расту́, растёшь; рос, росла́, -ло́	расти́
вы́расти *v.* — aufwachsen	вы́расту, вы́растешь; вы́рос, вы́росла, -ло	вы́расти

С **сесть** *v.* — sich setzen	ся́ду, ся́дешь; сел	сядь
! сади́ться *uv. zu* сесть *v.*	*regelm.* сажу́сь, сади́шься	сади́сь
сиде́ть — sitzen	сижу́, сиди́шь	сиди́
сказа́ть *v.* — sagen, sprechen	скажу́, ска́жешь	скажи́
рассказа́ть *v.* — erzählen	расскажу́, расска́жешь	расскажи́

Infinitiv – deutsche Bedeutung	Präsens oder v. Futur; unregelmäßiges Präteritum	Imperativ
слы́шать – hören, vernehmen	слы́шу, слы́шишь	
услы́шать *v. zu* слы́шать	услы́шу, услы́шишь	услы́шь
! слу́шать *mit Akk.* – *jmdm.* zuhören	*regelm.* слу́шаю, слу́шаешь	слу́шай
смея́ться – lachen	смею́сь, смеёшься	сме́йся
смотре́ть на *mit Akk.* – *jmdn.* anschauen	смотрю́, смо́тришь	смотри́
посмотре́ть *v.* zu смотре́ть	посмотрю́, посмо́тришь	посмотри́
создава́ть – schaffen; gründen	создаю́, создаёшь	создава́й
созда́ть *v.* zu создава́ть	созда́м, созда́шь, созда́ст, создади́м, -дади́те, -даду́т; со́здал, создала́, со́здало	созда́й
спасти́ *v.* – retten	спасу́, спасёшь; спас, спасла́, -ло́	спаси́
спать – schlafen	сплю, спишь; спал, спала́, -ло	спи
-ставать(ся):		
встава́ть – aufstehen	встаю́, встаёшь	встава́й
достава́ть – herausnehmen; bekommen	достаю́, достаёшь	достава́й
остава́ться – bleiben	остаю́сь, остаёшься	остава́йся
стать *v.* – sich stellen; beginnen; werden	ста́ну, ста́нешь; стал	стань
встать *v. zu* встава́ть	вста́ну, вста́нешь, ...	встань
доста́ть *v. zu* достава́ть	доста́ну, доста́нешь, ...	доста́нь
оста́ться *v. zu* остава́ться	оста́нусь, оста́нешься; оста́лся	оста́нься
стоя́ть – stehen	стою́, стои́шь	стой
умере́ть *v.* – sterben	умру́, умрёшь; у́мер, умерла́, у́мерло	**У**
хоте́ть – wollen	хочу́, хо́чешь, хо́чет, хоти́м, хоти́те, хотя́т	**Х**
хоте́ться *unpers.* – wollen, mögen	*nur 3. Pers. Sing.* хо́чется; хоте́лось	

Das Substantiv

Substantive (oder Nomen) benennen **Lebewesen** (Menschen, Tiere, Pflanzen), **Gegenstände** und **gegenständlich Gedachtes**:

челове́к — Mensch, соба́ка — Hund, де́рево — Baum; кни́га — Buch, шкаф — Schrank; де́тство — Kindheit, здоро́вье — Gesundheit, опа́сность — Gefahr, иску́сство — Kunst.

(R|D|E) Russische Substantive gehören — ähnlich wie im Deutschen und im Englischen — einem der **drei Geschlechter** an: Sie sind männlich (*m.* — Maskulina), weiblich (*w.* — Feminina) oder sächlich (*s.* — Neutra):

хлеб *m.* — (das, ein) Brot, колбаса́ *w.* - (die, eine) Wurst, ма́сло *s.* — (die) Butter.

(R|D) Russische Substantive werden — wie auch im Deutschen — **dekliniert**, das heißt nach Zahl (Singular oder Plural) und Fall abgewandelt (➚ 100).

(R|D) Was ist anders als im Deutschen?
- Das **Geschlecht** eines russischen Substantivs erkennt man gewöhnlich an der **Endung** des Nominativs Singular (➚ 108).
- Im Russischen unterscheidet man nicht vier, sondern **sechs Fälle** (➚ 109).
- Russische Substantive haben **keinen Artikel** (➚ aber 28).

(R|E|F) - Russische Substantive schreibt man — wie im Englischen und im Französischen — **mit kleinem Anfangsbuchstaben** (zur Schreibung von Eigennamen ➚ aber 16).

Die Nenn- oder Wörterbuchform eines Substantivs ist der **Nominativ Singular**. Um ein Substantiv deklinieren zu können, muss man sich oft auch Genitiv und Betonung einprägen.

Die Formen der Substantive im Überblick

Die regelmäßigen Endungen der Substantivdeklination 100

Zahl	Fall	I. Deklination männlich ↗ 112	sächlich ↗ 119	II. Deklination meist weiblich ↗ 122	III. Deklination weiblich ↗ 125
Sing.	*Nom.*	—	**-о**	**-а**	**-ь**
	Gen.	**-а**		**-ы**	**-и**
	Dat.	**-у**		**-е**	**-и**
	Akk.	*Nom. oder Gen.*[1]	**-о**	**-у**	**-ь**
	Instr.	**-ом**		**-ой**	**-ью**
	Präp.	**-е**		**-е**	**-и**
Plur.	*Nom.*	**-ы**	**-а**	**-ы**	**-и**
	Gen.	**-ов**	—	—	**-ей**
	Dat.	**-ам**			**-ям**
	Akk.	*Nom. oder Gen.*[1]	**-а**	*Nom. oder Gen.*[1]	*Nom. oder Gen.*[1]
	Instr.	**-ами**			**-ями**
	Präp.	**-ах**			**-ях**

[1] Zur Bildung des Akkusativs ↗ 111.

Die *Einteilung in drei Deklinationsarten* ergibt sich aus den unterschiedlichen Endungen des Singulars.
Die männlichen und die sächlichen Substantive werden — abgesehen vom Nominativ und Akkusativ sowie vom Genitiv Plural — gleich dekliniert.
Im Plural fallen die Endungen weitgehend zusammen.

In jeder Deklinationsart haben mindestens zwei Fälle die *gleiche Endung*: So haben z. B. der Genitiv Singular und der Nominativ Plural der Substantive der II. Deklination die gleiche Endung -ы.
Die obige Tabelle zeigt das Schriftbild der Endungen. In unbetonter Stellung werden die unterschiedlich geschriebenen Endungen -ом und -ам oder -о und -а (I. Deklination) *gleich ausgesprochen* (↗ 4).

Die in der obigen Tabelle aufgeführten Endungen der I. und der II. Deklination gelten für die Substantive, deren Wortstamm auf einen *harten Konsonanten* auslautet.
Lautet der Stamm eines Substantivs auf einen *weichen Konsonanten* aus, so müssen die Schreibregeln für die Wiedergabe von Vokalen beachtet werden (↗ 16).

Der Gebrauch der Substantive im Satz

Substantive können in der Rolle eines jeden Satzgliedes auftreten.

101 | Substantive als Subjekte

Ⓡ Ⓓ Als Subjekt steht ein Substantiv oder eine Substantivgruppe – wie im Deutschen – *im Nominativ*.

Алёша живёт в Москве́.	— Aljoscha lebt in Moskau.
Алёша и Ди́ма – друзья́.	— Aljoscha und Dima sind Freunde.
На террито́рии Росси́и живёт 148 миллио́нов челове́к.	— Auf dem Gebiet Russlands leben 148 Millionen Menschen.

Stellung des Subjekts im Satz ↗ 255

102 | Substantive als Objekte

Als Objekt kann ein Substantiv *in jedem Fall außer im Nominativ* stehen (sowohl ohne als auch mit Präposition).

Алёша лю́бит свой го́род.	— Aljoscha liebt seine Stadt.
Он ча́сто пока́зывает Москву́ гостя́м.	— Er zeigt Moskau oft seinen Gästen.
Он нема́ло зна́ет об исто́рии го́рода.	— Er weiß so manches über die Stadtgeschichte.

Stellung des Objekts im Satz ↗ 256. Wichtige Verben mit vom Deutschen abweichender Rektion ↗ S. 160

103 | Substantive als Prädikatsnomen

Als Prädikatsnomen steht ein Substantiv gewöhnlich *im Nominativ* oder – zusammen mit einem Hilfsverb – *im Instrumental*.

Москва́ – столи́ца Росси́йской Федера́ции.	— Moskau ist die Hauptstadt der Russischen Föderation.
Ра́ньше столи́цей Росси́и был Санкт-Петербу́рг.	— Früher war Sankt Petersburg die Hauptstadt Russlands.

Prädikatsnomen ↗ 230

104 | Substantive als Adverbialbestimmungen

Als Adverbialbestimmung steht ein Substantiv häufig *in Verbindung mit einer Präposition*.

Истори́ческий музе́й нахо́дится в це́нтре го́рода Москвы́.	— Das Historische Museum befindet sich im Zentrum Moskaus.
– Алёша, дава́й пойдём в э́тот музе́й.	— Aljoscha, lass uns in dieses Museum gehen.
– О́чень жаль, Ди́ма, сего́дня понеде́льник. А по понеде́льникам музе́й закры́т.	— Es tut mir sehr leid, Dima, heute ist Montag. Und montags ist das Museum geschlosssen.

Stellung der Adverbialbestimmung im Satz ↗ 257

105 | Substantive als Attribute

Als Attribut *im Genitiv* steht ein Substantiv gewöhnlich hinter seinem Bezugswort (das heißt hinter dem Substantiv, dem es beigefügt ist).

Исто́рия родно́го го́рода – э́то хо́бби Алёши.	— Die Geschichte seiner Heimatstadt ist Aljoschas Hobby.

Stellung des Attributs im Satz ↗ 236

Substantive und Pronomen in einem Text

106

Ein Substantiv wird in einem Text häufig durch ein Pronomen ersetzt. Achte im folgenden Beispiel auf die Nennung der Eigennamen Шу́рик und О́ля und ihre anschließende Ersetzung durch Personalpronomen.

Шу́рик и О́ля реши́ли пое́хать в Миха́йловское, знамени́тое село́, свя́занное с жи́знью А. С. Пу́шкина.
Шу́рик пришёл на две мину́ты ра́ньше О́ли и ждал её у пе́рвого ваго́на по́езда. Он увидел её ещё и́здали. Она́ ве́село улыба́лась ему́.

Schurik und Olja beschlossen, nach Michailowskoje zu fahren, in das berühmte Dorf, das mit Puschkins Leben verbunden war.
Schurik war zwei Minuten früher als Olja gekommen und wartete auf sie am ersten Wagen des Zuges. Er erblickte sie schon von weitem. Sie lächelte ihm fröhlich zu.

Das Geschlecht

107

> Das grammatische Geschlecht der ***Substantive, die Personen bezeichnen***, entspricht ihrem natürlichen Geschlecht:
> • Das Geschlecht der Substantive, die männliche Personen bezeichnen, ist männlich.
> • Das Geschlecht der Substantive, die weibliche Personen bezeichnen, ist weiblich.

Beispiele
• für männliche Substantive:
mой оте́ц – mein Vater; молодо́й учи́тель – ein junger Lehrer, наш дя́дя – unser Onkel,
И́горь – Igor, Воло́дя – Wolodja, Во́льфганг – Wolfgang (männliche Vornamen),
Ива́н Ива́нович – Iwan Iwanowitsch (männlicher Vor- und Vatername, ↗ **306**);
• für weibliche Substantive:
моя́ ма́ма – meine Mutti, молода́я учи́тельница – eine junge Lehrerin,
на́ша тётя – unsere Tante,
Ири́на – Irina, Ка́тя – Katja, дорога́я Ка́трин – liebe Kathrin (weibliche Vornamen),
Мари́я Ива́новна – Maria Iwanowna (weiblicher Vor- und Vatername, ↗ **306**).

Häufig gibt es zur Bezeichnung von Personen nach ihrem ***Beruf*** oder ihrer Tätigkeit ein ***männliches*** und ein ***weibliches Substantiv***, das mithilfe eines Suffixes abgeleitet ist:
спортсме́н *m.*, спортсме́нка *w.*   – Sportler, Sportlerin
студе́нт *m.*, студе́нтка *w.*   – Student, Studentin

Manchmal ist jedoch ***nur ein männliches Substantiv*** gebräuchlich, das auch zur Bezeichnung weiblicher Personen verwendet wird.
Vergleiche врач *m.* – Arzt, Ärztin:
Врач прие́хал.   – Der Arzt ist gekommen.
Врач прие́хала.   – Die Ärztin ist gekommen.

108

Das grammatische Geschlecht der **Substantive, die nicht Personen bezeichnen**, erkennt man an der Endung des Nominativs Singular:
- Männliche Substantive sind endungslos: **—** oder **-ь** oder **-й**.
- Weibliche Substantive haben die Endung **-а** oder **-я** oder
  sind endungslos: **-ь**.
- Sächliche Substantive haben die Endung **-о** oder **-е**.

Beispiele
- für männliche Substantive:
  небольшо́й магази́н – ein kleiner Laden, рубль (*Gen.* рубля́) – Rubel, музе́й – Museum,
- für weibliche Substantive:
  ма́ленькая кварти́ра – eine kleine Wohnung, неде́ля – Woche, фотогра́фия – Aufnahme,
  больша́я пло́щадь (*Gen.* большо́й пло́щади) – ein großer Platz,
- für sächliche Substantive:
  но́вое сло́во – ein neues Wort, по́ле – Feld, упражне́ние – Übung.

Substantive mit Adjektivendungen (↗ 110) haben das gleiche Geschlecht wie die entsprechende Adjektivform: на́ша де́тская *w.* – unser Kinderzimmer, дома́шнее живо́тное *s.* – Haustier.

Nicht deklinierte Substantive (↗ 129), die keine Personen bezeichnen, sind sächlich:
меню́ – Speisekarte, зи́мнее пальто́ – Wintermantel, свобо́дное такси́ – ein freies Taxi.

Auch die wenigen **Wörter auf -мя** (↗ 126) sind sächlich: моё и́мя – mein Vorname.

Die Fälle

Gebrauch der Fälle ↗ 217–279

109

Im Russischen unterscheidet man in Singular und Plural *sechs Fälle* (oder Kasus):

- den *Nominativ* (1. Fall) von anderen Wörtern *unabhängiger Fall*,
- den *Genitiv* (2. Fall) ⎫
- den *Dativ* (3. Fall) ⎬
- den *Akkusativ* (4. Fall) ⎬ von anderen Wörtern (z. B. Verben) *abhängige Fälle*.
- den *Instrumental* (5. Fall) ⎬
- den *Präpositiv* (6. Fall) ⎭

Genitiv, Dativ, Akkusativ und Instrumental werden sowohl ohne als auch mit Präpositionen verwendet, der Präpositiv nur mit Präpositionen.

Die Fälle werden durch **Anfügen von Endungen** an den Stamm des Substantivs gebildet; einzelne Fälle sind endungslos.

Beispiele zum Musterwort го́род – Stadt

	Fälle ohne Präpositionen	Fälle mit Präpositionen
Gen.	центр го́рода	недалеко́ от го́рода
Dat.	Го́роду 300 лет.	ходи́ть по го́роду
Akk.	посети́ть *v.* / посеща́ть го́род	въе́хать *v.* / въезжа́ть в го́род
Instr.	интересова́ться го́родом	познако́миться *v.* / знако́миться с го́родом
Präp.	—	жить в го́роде

Die Deklinationsarten

110

Man unterscheidet im Singular drei Deklinationsarten der Substantive:

	Endungen im Nom. Sing.	**Beispiele**
I. Deklination	• endungslose männliche Substantive (Schriftbild: **-**, **-ь**, **-й**)	магази́н, рубль, музе́й
	• sächliche Substantive auf **-о**, **-е**	сло́во, пердложе́ние
II. Deklination	meist weibliche Substantive auf **-а**, **-я**	кварти́ра, неде́ля
III. Deklination	endungslose weibliche Substantive (Schriftbild: **-ь**)	пло́щадь

In der I. und in der II. Deklination wird weiter unterschieden zwischen
• Substantiven mit Stammauslaut auf *harten Konsonanten* (z. B. магази́н, кварти́ра) und
• Substantiven mit Stammauslaut auf *weichen Konsonanten* (z. B. рубль, неде́ля).
Je nachdem, ob der Stamm des Wortes auf einen harten oder einen weichen Konsonanten
auslautet, werden gleiche Deklinationsendungen unterschiedlich geschrieben (↗ **16**).

Substantive mit *Adjektivendungen* (z. B. телеведу́щая – Fernsehmoderatorin) werden wie
Adjektive dekliniert (↗ **136/137**).

Familiennamen auf -ов, -ев, -ёв und auf -ин, -ын ↗ 127

Der Akkusativ belebter und unbelebter Substantive

111

Die Unterscheidung belebter Substantive und unbelebter Substantive ist für die Deklination,
und zwar für die Bildung des Akkusativs, wichtig.

Zu den belebten Substantiven gehören die Bezeichnungen für Personen und für Tiere;
alle anderen Substantive gelten in grammatischer Hinsicht als unbelebt.

Beispiele
• für belebte Substantive: челове́к, де́вушка; соба́ка, ло́шадь *w.*, живо́тное *s.*,
• für unbelebte Substantive: стол, заво́д, де́рево, приро́да.

Der Akkusativ *belebter* Substantive stimmt mit dem *Genitiv* überein.
Der Akkusativ *unbelebter* Substantive stimmt mit dem *Nominativ* überein.

Aber:
Der Akkusativ Singular der Substantive der *II. Deklination* lautet stets auf **-у** oder **-ю**.

Beispiele

встре́тить *v.* / встреча́ть	кого́?	однокла́ссника (однокла́ссников), де́вушку (де́вушек)
прочита́ть *v.* / чита́ть	что?	журна́л (журна́лы), сло́во (слова́), газе́ту (газе́ты)

Die I. Deklination – männliche Substantive

112

Musterwörter:	магази́н – Geschäft, Laden	рубль – Rubel	музе́й – Museum
Stammauslaut auf	**harte Konsonanten** **(und Zischlaute)**	**weiche Konsonanten** **-ь**	**-й**
Singular Nominativ	магази́н	рубл**ь**	музе́**й**
Genitiv	магази́н**а**	рубл**я́**	музе́**я**
Dativ	магази́н**у**	рубл**ю́**	музе́**ю**
Akkusativ	магази́н	рубл**ь**	музе́**й**
Instrumental	магази́н**ом**[1]	рубл**ём**[2]	музе́**ем**[2]
Präpositiv	о магази́н**е**	о рубл**е́**	о музе́**е**
Plural Nominativ	магази́н**ы**[3]	рубл**и́**	музе́**и**
Genitiv	магази́н**ов**[1]	рубл**е́й**	музе́**ев**
Dativ	магази́н**ам**	рубл**я́м**	музе́**ям**
Akkusativ	магази́н**ы**[3]	рубл**и́**	музе́**и**
Instrumental	магази́н**ами**	рубл**я́ми**	музе́**ями**
Präpositiv	о магази́н**ах**	о рубл**я́х**	о музе́**ях**

- **Aussprache** unbetonter Endungen (↗ 4):
  Da die unbetonten Vokale o und a in einem verkürzten Laut zusammenfallen, werden der Instrumental Singular und der Dativ Plural von магази́н gleich ausgesprochen.

- **Akkusativ** belebter männlicher Substantive (= Genitiv, ↗ 111):

Мы встре́тили на у́лице (кого́)?	– Wir trafen auf der Straße (wen?)
... спортсме́на (спортсме́нов) из Росси́и.	... einen Sportler (Sportler) aus Russland.
... на́шего го́стя (на́ших госте́й) из О́мска.	... unseren Gast (unsere Gäste) aus Omsk.
... Макси́ма.	... Maxim.

- **Genitiv Plural** auf **-ей** bei Stammauslaut *auf Zischlaut*:
  каранда́ш – Bleistift: не́сколько карандаш**е́й**, эта́ж – Etage, Stockwerk: пять этаж**е́й**.

- **Schreibregeln** (↗ 16):
  [1] Nach Zischlauten und ц schreibe in unbetonter Silbe e (nicht o),
     врач – Arzt: *Instr. Sing.* (с) врачо́м, оте́ц – Vater: (с) отцо́м, *aber*:
     муж – Ehemann: (с) му́жем; ме́сяц – Monat: *Gen. Plur.* (пять) ме́сяцев.
  [2] Nach weichem Konsonanten schreibe in betonter Silbe ё, in unbetonter Silbe e,
     рубль – Rubel: рублём; гость – Gast: (с) го́стем
  [3] Nach к, г, х und Zischlauten schreibe и (nicht ы),
     учени́к – Schüler: *Nom. Plur.* ученики́, каранда́ш – Bleistift: карандаши́.

Flüchtige -o-, -ё- und -e-

113

Der zwischen zwei Endkonsonanten des Stammes stehende Vokal -o-, -ё- oder -e- fällt häufig **ab Genitiv Singular** aus:

пода́рок, *Gen. Sing.* пода́рка – Geschenk   день, дня – Tag

рису́нок, рису́нка – Zeichnung   оте́ц, отца́ – Vater

лёд, льда – Eis   па́рень, па́рня – Junge, Bursche

Genitiv Singular auf -a, -я und auf -y, -ю

114

Einige männliche Substantive, die Stoffe bezeichnen, haben im Genitiv Singular – neben der regelmäßigen Endung auf -a, -я – die Endung -y, -ю. Diese Endung kann man jedoch nur zum Ausdruck des Genitivs des Teils (↗ 273) verwenden:

са́хар, *Gen. Sing.* са́хара *und* са́хару – Zucker   чай, ча́я *und* ча́ю – Tee

Präpositiv Singular auf -ý, -ю́

115

Einige unbelebte männliche Substantive haben im Präpositiv Singular nach den Präpositionen в und на – gewöhnlich zur Ortsangabe auf die Frage где? – die betonte Endung -ý, -ю́:

бе́рег, *Präp. Sing.* на берегу́ – Ufer   мост, на мосту́ – Brücke

год, в (э́том) году́ – Jahr   сад, в саду́ – Garten

лес, в лесу́ – Wald   шкаф, в шкафу́, на шкафу́ – Schrank

Nominativ Plural auf -á, -я

116

Einige männliche Substantive, die im Singular auf dem Wortstamm betont sind, haben im Nominativ Plural die betonte Endung -á, -я:

а́дрес, *Nom. Plur.* адреса́ – Anschrift, Adresse   го́род, города́ – Stadt

бе́рег, берега́ – Ufer   дом, дома́ – Haus

глаз, глаза́ – Auge   лес, леса́ – Wald

Stammveränderung im Plural

117

Einzelne männliche Substantive bilden den Plural mit verändertem Stamm und weiteren Besonderheiten:

Nom. Sing.	крестья́нин – Bauer	брат	друг	ребёнок – Kind	челове́к – Mensch
Gen. Sing.	крестья́нина	бра́та	дру́га	ребёнка	челове́ка
Nom. Plur.	крестья́не	бра́тья	друзья́	де́ти	лю́ди
Gen. Plur.	крестья́н	бра́тьев	друзе́й	дете́й	люде́й
Dat. Plur.	крестья́нам	бра́тьям	друзья́м	де́тям[1]	лю́дям[1]

[1] *Instr. Plur.* детьми́, людьми́, *Präp. Plur.* о де́тях, о лю́дях

Betonungswechsel

118

Die meisten Substantive haben feste Betonung auf dem Wortstamm.
Betonungswechsel vom Stamm auf die Endung haben einige ein- und zweisilbige Substantive
- vom Genitiv **Singular** an:
  врач – Arzt: *Gen. Sing.* врача́, *Dat. Sing.* врачу́ ...
- vom Nominativ oder Genitiv **Plural** an:
  по́езд – Zug: *Gen. Sing.* по́езда ...; *Plur.* поезда́, поездо́в, поезда́м ...
  гость – Gast: *Gen. Sing.* го́стя ...; *Plur.* го́сти, госте́й , гостя́м ...

Die I. Deklination – sächliche Substantive

119 | *Musterwörter:* | сло́во — Wort | предложе́ние — Vorschlag; Satz

Stammauslaut auf	harte Konsonanten -о	weiche Konsonanten -ие
Singular *Nominativ*	сло́в**о**[1]	предложе́ни**е**
Genitiv	сло́в**а**	предложе́ни**я**
Dativ	сло́в**у**	предложе́ни**ю**
Akkusativ	сло́в**о**[1]	предложе́ни**е**
Instrumental	сло́в**ом**[1]	предложе́ни**ем**
Präpositiv	о сло́в**е**	о предложе́ни**и**[2]
Plural *Nominativ*	слов**а́**	предложе́ни**я**
Genitiv	слов	предложе́ни**й**
Dativ	слов**а́м**	предложе́ни**ям**
Akkusativ	слов**а́**	предложе́ни**я**
Instrumental	слов**а́ми**	предложе́ни**ями**
Präpositiv	о слов**а́х**	о предложе́ни**ях**

- **Aussprache** unbetonter Endungen:
  Da die unbetonten Vokale o und a in einem verkürzten Laut zusammenfallen (↗ 4), werden der Nominativ, der Genitiv und der Akkusativ Singular von сло́во gleich ausgesprochen.

- **Schreibregeln** (↗ 16):
  [1] Nach Zischlauten und ц schreibe in unbetonter Silbe e (nicht o),
  лицо́ – Gesicht; Person: *Instr. Sing.* лицо́м, *aber*: со́лнце – Sonne: со́лнцем.

  [2] Substantive, die im Nominativ Singular auf -e (nicht auf -ие) auslauten, haben im Präpositiv Singular die Endung -e: мо́ре – Meer: *Präp. Sing.* о мо́ре, пла́тье – Kleid: о пла́тье.

120 | **Genitiv Plural**

Im endungslosen Genitiv Plural einiger sächlicher Substantive wird zwischen die Endkonsonanten des Stammes ein flüchtiges -о- oder -е- eingeschoben.
Einzelne sächliche Substantive haben im Genitiv Plural eine Endung: -ов, -ев oder -ей.

Nom. Sing.	окно́ – Fenster	письмо́ – Brief	пла́тье – Kleid	мо́ре – Meer
Nom. Plur.	о́кна	пи́сьма	пла́тья	моря́
Gen. Plur.	о́кон	пи́сем	пла́тьев	море́й

121 | **Betonungswechsel**

Die meisten Substantive haben feste Betonung auf dem Wortstamm.
Betonungswechsel weisen einige zweisilbige Wörter auf:

- mit Betonung auf dem Stamm im Singular und Betonung auf der Endung im Plural:
  ме́сто – Platz, Ort: *Gen. Sing.* ме́ста ...; *Plur.* места́, мест, места́м ...
- mit Betonung auf der Endung im Singular und Betonung auf dem Stamm im Plural:
  письмо́ – Brief: *Gen. Sing.* письма́ ...; *Plur.* пи́сьма, пи́сем, пи́сьмам ...

Die II. Deklination

Musterwörter:		кварти́ра – Wohnung	неде́ля – Woche	экску́рсия – Ausflug	**122**
Stammauslaut auf		**harte Konsonanten** **-а**	**weiche Konsonanten** **-я**	**-ия**	
Singular	*Nominativ*	кварти́р **а**	неде́л **Я**	экску́рси **Я**	
	Genitiv	кварти́р **ы**[1]	неде́л **И**	экску́рси **И**	
	Dativ	кварти́р **е**	неде́л **е**	экску́рси **И**	
	Akkusativ	кварти́р **у**	неде́л **Ю**	экску́рси **Ю**	
	Instrumental	кварти́р **ой**[2]	неде́л **ей**[3]	экску́рси **ей**	
	Präpositiv	о кварти́р **е**	о неде́л **е**	об экску́рси **И**	
Plural	*Nominativ*	кварти́р **ы**[1]	неде́л **И**	экску́рси **И**	
	Genitiv	кварти́р	неде́л **Ь**	экску́рси **Й**	
	Dativ	кварти́р **ам**	неде́л **ЯМ**	экску́рси **ЯМ**	
	Akkusativ	кварти́р **ы**[1]	неде́л **И**	экску́рси **И**	
	Instrumental	кварти́р **ами**	неде́л **ЯМИ**	экску́рси **ЯМИ**	
	Präpositiv	о кварти́р **ах**	о неде́л **ЯХ**	об экску́рси **ЯХ**	

- ***Akkusativ Plural*** belebter weiblicher Substantive (= Genitiv Plural, ↗ **111**):
  Мы встре́тили на у́лице (кого́?)   — Wir trafen auf der Straße (wen?)
  … на́ших однокла́ссниц.   … unsere Mitschülerinnen.
  … де́вушек из сосе́дней шко́лы.   … Mädchen aus der Nachbarschule.

- ***Schreibregeln*** (↗ **16**):
  [1]   Nach к, г, х und Zischlauten schreibe и (nicht ы),
   оши́бка – Fehler: *Gen. Sing.*, *Nom.* und *Akk. Plur.* оши́б**ки**, зада́ча – Aufgabe: зада́**чи**.
  [2]   Nach Zischlauten und ц schreibe in unbetonter Silbe е (nicht о),
  госпожа́ Кузнецо́ва: (с) госпож**о́й** Кузнецо́вой, *aber*: учи́тельница: (с) учи́тельниц**ей**.
  [3]   Nach weichem Konsonanten schreibe in betonter Silbe ё: семья́ – Familie: (вме́сте с) семь**ёй**.

Genitiv Plural

123

Im endungslosen Genitiv Plural zahlreicher Substantive der II. Deklination wird zwischen die Endkonsonanten des Stammes ein flüchtiges -о- oder -е- eingeschoben:
остано́вка – Haltestelle: *Gen. Plur.* остано́в**о**к   де́вушка – Mädchen: (мно́го) де́вуш**е**к
оши́бка – Fehler: (ма́ло) оши́б**о**к   копе́йка – Kopeke: (де́сять) копе́**е**к

Betonungswechsel

124

Die meisten Substantive haben feste Betonung auf dem Wortstamm.
Betonungswechsel weisen einige zweisilbige Wörter auf:
- mit Betonung auf der Endung im Singular und Betonung auf dem Stamm im Plural:
  страна́ – Land: *Gen. Sing.* стран**ы́** …; *Plur.* стра́ны, стран, стра́нам …
- mit Betonung auf der Endung, jedoch im Akk. Sing., Nom. und Gen. Plur. auf dem Stamm:
  гора́ – Berg: *Gen. Sing.* гор**ы́**, *Akk. Sing.* го́ру; *Plur.* го́ры, гор, гора́м …

Die III. Deklination

125   *Musterwörter:*   пло́щадь *w.* – Platz; Fläche   пять – fünf (Grundzahlwort)

Stammauslaut auf		weiche Konsonanten -ь	
Singular	Nominativ	пло́щад **ь**	пят **ь**
	Genitiv	пло́щад **и**	пят **и́**
	Dativ	пло́щад **и**	пят **и́**
	Akkusativ	пло́щад **ь**	пят **ь**
	Instrumental	пло́щад **ью**	пят **ью́**
	Präpositiv	о пло́щад **и**	о пят **и́**
Plural	Nominativ	пло́щад **и**	
	Genitiv	площад **е́й**	
	Dativ	площад **я́м**	
	Akkusativ	пло́щад **и**	
	Instrumental	площад **я́ми**	
	Präpositiv	о площад **я́х**	

Nach der III. oder и-Deklination werden gebeugt:

- *weibliche Substantive auf -ь*, darunter viele Wörter mit dem Suffix -ость
  (z. B. национа́льность – Nationalität, промы́шленность – Industrie),

- die *Grundzahlwörter* 5 bis 20, 30 sowie (in beiden Bestandteilen) die Zehner 50 bis 80
  (z. B. *Nom.* пятьдеся́т, *Gen.* пяти́десяти).

126 | **Besondere Formen**

Einzelne Substantive unterschiedlichen Geschlechts bilden besondere Formen. Typisch ist, dass der Genitiv, Dativ und Präpositiv Singular auf -и auslautet.

Nom., Akk. Sing.	дочь *w.*	це́рковь *w.* – Kirche	путь *m.* – Weg	и́мя *s.* – Vorname
Gen., Dat., Präp. Sing.	до́чери	це́ркви	пути́	и́мени
Instr. Sing.	до́черью	це́рковью	путём	и́менем
Nom. Plur.	до́чери		пути́	имена́
Gen. Plur.	дочере́й		путе́й	имён
Dat. Plur.	дочеря́м		путя́м	имена́м

Wie дочь *w.* – Tochter wird мать *w.* – Mutter (*Gen. Sing.* ма́тери, *Akk. Sing.* мать), wie и́мя wird вре́мя *s.* – Zeit (*Gen. Sing.* вре́мени) dekliniert.

Die Deklination von Familiennamen

127

Familiennamen auf **-ов**, **-ев**, **-ёв** und auf **-ин**, **-ын** werden teils wie Substantive, teils wie Adjektive (in der Tabelle farbig hervorgehoben) dekliniert.

Musterwort: Иванóв   Иванóва   Иванóвы — die Iwanows, die Familie Iwanow

	Singular männliche Form	weibliche Form	Plural
Nominativ	Иванóв	Иванóва	Иванóвы
Genitiv	Иванóва	Иванóвой	Иванóвых
Dativ	Иванóву	Иванóвой	Иванóвым
Akkusativ	Иванóва	Иванóву	Иванóвых
Instrumental	Иванóвым	Иванóвой	Иванóвыми
Präpositiv	об Иванóве	об Иванóвой	об Иванóвых

Weitere Beispiele

И. Пáвлов, М. Горбачёв, А. Ахмáтова, В. Тóкарева, А. Пýшкин, А. Солженúцын.

Familiennamen auf **-ой**, **-ая**, **-(к)ий** werden durchgehend wie Adjektive dekliniert (➚ **136**):
Л. Толстóй (*Gen.* Толстóго), Т. Толстáя (*Gen.* Толстóй), П. Чайкóвский (*Gen.* Чайкóвского).

Nur im Plural gebräuchliche Substantive

128

Diese Substantive haben kein grammatisches Geschlecht. Sie werden wie andere Substantive im Plural dekliniert. Im Deutschen entspricht ihnen mitunter ein Substantiv im Singular.

зúмние канúкулы, *Gen.* зúмних канúкул — Winterferien
мой родúтели, *Gen.* мойх родúтелей — meine Eltern
нóвые очкú, *Gen.* нóвых очкóв — eine neue Brille
налúчные дéньги, *Gen.* налúчных дéнег — Bargeld
хорóшие часы́, *Gen.* хорóших часóв — eine gute Uhr; Часы́ не идýт. — Die Uhr geht nicht.

Nicht deklinierte Substantive

129

Zu den Substantiven, die nicht dekliniert werden, also unveränderlich sind, gehören:

• Wörter nichtrussischer Herkunft, darunter Eigennamen, die auf einen *Vokal* (außer auf unbetontes -a) auslauten:
  пальтó *s.* — Mantel, купé *s.* — Zugabteil, хóбби *s.* — Hobby, интервью́ *s.* — Interview;
  Э́льке — Elke, В. Гёте — W. Goethe, (брáтья) Клúчко — (die Brüder) Klitschko;
  Óсло — Oslo, Тбилúси — Tbilissi, Хéльсинки — Helsinki, Бакý — Baku;

• weibliche Vor- und Familiennamen nichtrussischer Herkunft, die auf einen *harten Konsonanten* auslauten: Кáрин Шмидт;

• russische Kurzwörter: ФРГ (*sprich:* [фэ-эр-гэ́]) — BRD, ООН (*sprich:* [оóн]) — UNO.

Vergleiche: фúрма Кáрин Шмидт и Хáнса Шмúдта — die Firma von Karin und Hans Schmidt.

Das Adjektiv

Adjektive benennen *Merkmale*, *Eigenschaften* von Lebewesen und Gegenständen: здоро́вый – gesund, дли́нный – lang, нау́чный – wissenschaftlich.

Nach ihrer Bedeutung unterscheidet man im Russischen

- *Qualitätsadjektive*: Sie benennen eine Eigenschaft und drücken dabei eine Wertung aus: у́мный – klug, глу́пый – dumm, молодо́й – jung, ста́рый – alt.
  Von vielen Qualitätsadjektiven kann man Kurzformen und Steigerungsformen bilden.
  ⓇⒹ Im Deutschen werden diese Adjektive meist ebenfalls durch Adjektive wiedergegeben: но́вый магази́н – ein <u>neues</u> Geschäft, ста́рая кни́га – ein <u>altes</u> Buch.

- *Beziehungsadjektive*: Sie sind von einem anderen Wort abgeleitet und drücken eine Eigenschaft durch Bezug auf dieses Wort aus:
  кни́жный (*abgeleitet von* кни́г-а) – Buch-, Bücher-,
  де́тский (*abgeleitet von* де́т-и) – Kinder-.
  Von Beziehungsadjektiven kann man weder Kurzformen noch Steigerungsformen bilden.
  ⓇⒹ Die Wortgruppe *Beziehungsadjektiv + Substantiv* wird im Deutschen häufig durch ein zusammengesetztes Substantiv wiedergegeben:
  кни́жный магази́н – <u>Buch</u>handlung, де́тская кни́га – <u>Kinder</u>buch.

Die *Nenn- oder Wörterbuchform* eines Adjektivs ist die männliche Singularform.

Adjektive können im Satz als *Attribute* oder als *Prädikatsnomen* gebraucht werden.

Die Formen der Adjektive im Überblick

Die Endungen der Adjektivdeklination

130

Fall	Singular männlich	sächlich	weiblich	Plural alle Geschlechter
Nominativ	-ый (-о́й)	-ое	-ая	-ые
Genitiv		-ого	-ой	-ых
Dativ		-ому	-ой	-ым
Akkusativ	*Nom. oder Gen.*[1]	-ое	-ую	*Nom. oder Gen.*[1]
Instrumental		-ым	-ой	-ыми
Präpositiv		-ом	-ой	-ых

[1] Zur Bildung des Akkusativs ↗ **135**.

Adjektive werden – wie auch im Deutschen – *dekliniert*: Sie sind nach Geschlecht, Zahl und Fall veränderlich. Ihre Endungen fügt man an den Wortstamm an.

Stammauslaut auf harten Konsonanten ↗ **136**
Stammauslaut auf weichen Konsonanten ↗ **137**

Viele *Adjektivendungen* sind *gleich*:
- Im *Singular* haben die männlichen und die sächlichen Formen der Adjektive – abgesehen vom Nominativ und Akkusativ – die gleichen Endungen.
- Der Genitiv, der Dativ, der Instrumental und der Präpositiv Singular der weiblichen Formen haben die gleiche Endung: -ой oder (bei weichem Stammauslaut) -ей.
- Die obige Tabelle zeigt das Schriftbild der Endungen. In unbetonter Stellung werden die Nominativendungen -ое und -ая gleich ausgesprochen, vgl. но́вая кни́га – но́вое сло́во (↗ **4**).
- Im *Plural* werden Geschlechter nicht unterschieden.

Die Endungen der Kurzformen

131

	Singular männlich	sächlich	weiblich	Plural alle Geschlechter
	—	-о	-а	-ы

Die Kurzformen eines Adjektivs werden *nicht dekliniert*: Sie sind nur nach Geschlecht und Zahl veränderlich. Ihre Endungen fügt man an den Wortstamm an.

Bildung der Kurzformen von Adjektiven ↗ **138**

Der Gebrauch der Adjektive im Satz

132 Adjektive als Attribute

Als Attribut stimmt ein Adjektiv mit dem Substantiv, dessen Eigenschaft es benennt, in Geschlecht, Zahl und Fall überein.

Верони́ка — молода́я же́нщина.	— Veronika ist eine junge Frau.
У неё больши́е организа́торские спосо́бности.	— Sie hat große organisatorische Fähigkeiten.
Она́ полюби́ла свою́ но́вую рабо́ту.	— Sie hat ihre neue Arbeit schätzen gelernt.

Mehrere Adjektive bei einem Substantiv ↗ 237

133 Adjektive als Prädikatsnomen

Ⓡ|ᴅ Als Prädikatsnomen stimmt ein Adjektiv — anders als im Deutschen — mit dem Subjekt des Satzes in Geschlecht und Zahl überein. Ohne Verbform steht das Adjektiv im Nominativ, zusammen mit einem Hilfsverb (z. B. einer Form von быть — *sein*) im Nominativ oder im Instrumental.

Шу́ра высо́кий, спорти́вный.	— Schura ist groß und sportlich.
Ка́тя до́брая, но сли́шком неуве́ренная.	— Katja ist lieb, hat aber zu wenig Selbstbewusstsein.
Зада́ча была́ тру́дная (*oder*: тру́дной).	— Die Aufgabe war schwer.
Ко́ля ка́жется глу́пым, но э́то не так.	— Kolja scheint dumm zu sein, das stimmt aber nicht.

Kurzformen eines Adjektivs können nur als Prädikatsnomen gebraucht werden.

— Ты знако́м(-а) с мои́м дру́гом?	— Kennst du meinen Freund? (*wörtlich*: Bist du mit ... bekannt?)
— Да, мы уже́ давно́ знако́мы.	— Ja, wir kennen uns schon lange.

Gebrauch der Kurzformen von Adjektiven ↗ 139

134

Adjektive werden besonders häufig in ***beschreibenden und schildernden*** Texten verwendet. Der folgende Textauszug stammt aus einer Erzählung von J. Kasakow.

... Жизнь у меня́ хороша́. Спорти́вные соревнова́ния, конфере́нции, пра́ктика, экза́мены — ни одно́й мину́ты нет свобо́дной. Я научи́лся танцева́ть, познако́мился со мно́гими краси́выми и у́мными де́вушками.
Но иногда́ мне сни́тся Ли́ля ... Я сно́ва слы́шу её го́лос, её не́жный смех, говорю́ с ней и чу́вствую себя́ ю́ным, бу́дто мне семна́дцать лет, бу́дто я сча́стлив и люблю́ впервы́е в жи́зни ...

(Ю. П. Казаков: Голубое и зелёное. Рассказы и очерки. Москва, 1993)

... Mir geht es gut. Sportwettkämpfe, Konferenzen, ein Praktikum, Prüfungen — man hat keine einzige freie Minute. Ich habe tanzen gelernt und viele hübsche und kluge Mädchen kennengelernt.
Aber manchmal träume ich von Lilja. Wieder höre ich ihre Stimme, ihr zartes Lachen, ich rede mit ihr und fühle mich jung, als wäre ich 17, glücklich und liebte zum ersten Mal in meinem Leben ...

Die Deklination

135

Man unterscheidet die Deklination der Adjektive
- mit Stammauslaut auf **harten Konsonanten** und
- mit Stammauslaut auf **weichen Konsonanten**.

Beispiele

но́вый, молодо́й, большо́й
ле́тний, горя́чий

Der *Akkusativ* eines Adjektivs stimmt überein
- mit dem *Genitiv*, wenn sein Bezugswort ein **belebtes** Substantiv ist,
- mit dem *Nominativ*, wenn sein Bezugswort ein **unbelebtes** Substantiv ist.

Aber:

Die weibliche Form des Akkusativs Singular lautet stets **-ую** oder **-юю**.

Beispiele

встре́тить *v.* / встреча́ть кого́?
- популя́рного рок-музыка́нта (популя́рных рок-музыка́нтов),
- популя́рную певи́цу (популя́рных певи́ц)

прочита́ть *v.* / чита́ть что?
- интере́сный журна́л (интере́сные журна́лы),
- интере́сную статью́ (интере́сные статьи́)

Adjektive mit Stammauslaut auf harten Konsonanten

136

Musterwort: но́вый — neu

Fall	Singular männlich	sächlich	weiblich	Plural alle Geschlechter
Nominativ	но́в**ый**[1,3]	но́в**ое**	но́в**ая**	но́в**ые**[3]
Genitiv	но́в**ого**[2]		но́в**ой**	но́в**ых**[3]
Dativ	но́в**ому**		но́в**ой**	но́в**ым**[3]
Akkusativ	*Nom. oder Gen.* но́в**ое**		но́в**ую**	*Nom. oder Gen.*
Instrumental	но́в**ым**[3]		но́в**ой**	но́в**ыми**[3]
Präpositiv	о но́в**ом**		о но́в**ой**	о но́в**ых**[3]

[1] **Endung -ый** bei durchgehender Betonung auf dem Stamm und
Endung -о́й bei durchgehender Betonung auf der Endung:
молодо́й *m.*, молодо́е *s.*, молода́я *w.*, *Plur.* молоды́е — jung;
большо́й *m.*, большо́е *s.*, больша́я *w.*; *Plur.* больши́е — groß.

[2] **Aussprache** der Endung **-ого**: Sprich г als [в].

[3] **Schreibregel** (↗ 16):
Nach к, г, х und Zischlauten schreibe и (nicht ы):
ма́ленький: *Instr. Sing. m., s.* ма́леньким; *Plur.* ма́ленькие, ма́леньких *usw.* — klein;
большо́й: *Instr. Sing. m., s.* больши́м; *Plur.* больши́е, больши́х *usw.* — groß.

Zur Bildung des Akkusativs ↗ 135, zum Zusammenfall von Endungen ↗ 130

! Nach diesem Muster werden auch dekliniert

- **Substantive mit Adjektivendungen** (↗ **110**):

  учён**ый** *m.* — Wissenschaftler: говори́ть с учён**ым**,

  моро́жен**ое** *s.* — (Speise-)Eis: две по́рции моро́жен**ого**;

- die **Ordnungszahlwörter** (↗ **155**):

  пя́т**ый** *m.* — fünfter: жить на пя́т**ом** этаже́;

- einige **Pronomen** (↗ **176, 181, 187**):

  как**о́й** *m.* — welcher, was für ein: Как**а́я** сего́дня пого́да? — Was für Wetter ist heute?

- die **Partizipien** des Präsens Passiv (↗ **93**) und des Präteritums Passiv (↗ **94**):

  переведённ**ый** *m.* (*zu* перевести́ *v.*) — übersetzt:

  текст, переведённ**ый** на ру́сский язы́к — der ins Russische übersetzte Text.

137 | Adjektive mit Stammauslaut auf weichen Konsonanten

Musterwort: зи́мний — Winter-, winterlich

Fall	Singular männlich	sächlich	weiblich	Plural alle Geschlechter
Nominativ	зимн **ИЙ**[1]	зимн **ЕЕ**	зимн **ЯЯ**[3]	зимн **ИЕ**
Genitiv	зимн **ЕГО**[2]		зимн **ЕЙ**	зимн **ИХ**
Dativ	зимн **ЕМУ**		зимн **ЕЙ**	зимн **ИМ**
Akkusativ	*Nom. oder Gen.*	зимн **ЕЕ**	зимн **ЮЮ**[3]	*Nom. oder Gen.*
Instrumental	зимн **ИМ**		зимн **ЕЙ**	зимн **ИМИ**
Präpositiv	о зимн **ЕМ**		о зимн **ЕЙ**	о зимн **ИХ**

[1] Durchgehende **Betonung** der Adjektive auf dem Stamm.

[2] **Aussprache** der Endung **-его**: Sprich г als [в].

[3] **Schreibregeln** (↗ **16**):
Nach Zischlauten schreibe а (nicht я) und у (nicht ю):
горя́чий: *Nom. Sing. w.* горя́чая, *Akk. Sing. w.* горя́чую — heiß.

Zur Bildung des Akkusativs ↗ 135, zum Zusammenfall von Endungen ↗ 130

! Nach diesem Muster werden auch dekliniert

- **Substantive mit Adjektivendungen** (↗ **110**):

  телеведу́щий *m.* — Fernsehmoderator: рабо́тать (кем?) телеведу́щим;

- die **Partizipien** des Präsens Aktiv (↗ **91**) und des Präteritums Aktiv (↗ **92**):

  производя́щий *m.* (*zu* производи́ть) — jemand, der etwas herstellt:

  рабо́тать в фи́рме, производя́щей о́бувь — in einer Firma arbeiten, die Schuhe herstellt.

Die Kurzformen

Bildung

138

Kurzformen kann man von vielen Qualitätsadjektiven (↗ **S. 68**) bilden.

Beispiele für Kurzformen

Endungen ↗ 131

Adjektive	Kurzformen			
	männlich	weiblich	sächlich	Plural
здоро́вый – gesund	здоро́в	здоро́в**а**	здоро́в**о**	здоро́в**ы**
широ́кий – breit; weit	широ́к	широка́	широ́ко	широки́[1]
больно́й – krank	бо́лен[2]	больна́	больно́	больны́
дли́нный – lang	дли́нен[2]	длинна́	дли́нно	длинны́
у́зкий – eng	у́зок[2]	узка́	у́зко	узки́[1]

[1] *Schreibregeln (↗ 16).*
[2] Häufiger ***Einschub eines flüchtigen -o- oder -e-*** zwischen die beiden Endkonsonanten des Stammes (nur in der endungslosen männlichen Kurzform).

Einzelne Adjektive haben nur ***Kurzformen***:

рад, ра́да, ра́до; ра́ды *mit Dat.*   — froh, erfreut über

до́лжен, должна́, должно́; должны́   — müssen, sollen (↗ **288/289**)

ну́жен, нужна́, ну́жно; нужны́   — brauchen (↗ **284**)

Gebrauch

139

Die Kurzformen werden zusammen mit den Formen des Hilfsverbs быть als ***Prädikat*** gebraucht. Adjektiv und Verbform stimmen mit dem Subjekt des Satzes in Geschlecht und Zahl überein.
Beachte, dass die entsprechenden deutschen Kurzformen unveränderlich sind!

Э́та пе́сня у нас о́чень популя́рна.   — Dieses Lied ist bei uns sehr populär.

Ка́тя была́ ра́да, когда́ ей позвони́л Во́ва. — Katja war froh, als Wowa sie anrief.

Oft werden die Kurzformen ohne Bedeutungsunterschied neben den Langformen verwendet. Manchmal drücken die Kurzformen auch einen zeitlich begrenzten Zustand aus. Vgl.:

Н́аша экску́рсия была́ → интере́сная.   — Unser Ausflug war interessant.

           ↘ интере́сна.

Мать больна́.   — Meine Mutter ist (zur Zeit) krank.

Мать больна́я.   — Meine Mutter ist krank (leidend).

Kurzformen werden insbesondere verwendet,

- um das Übermaß einer Eigenschaft auszudrücken – deutsch ***zu***, ***allzu***:
  Джи́нсы ему́ длинны́ (коротки́).   — Die Jeans sind ihm zu lang (zu kurz).
- wenn das Prädikat durch ein Objekt oder eine Adverbialbestimmung erweitert ist:
  Я тебе́ о́чень благода́рен (благода́рна). — Ich bin dir sehr dankbar.
- wenn als Subjekt э́то – *das* oder все – *alles* auftritt:
  Э́то для меня́ (не) ва́жно.   — Das ist für mich (nicht) wichtig.

Die Steigerung

140 **Die Steigerungsstufen der Adjektive im Überblick**

Formen des Komparativs (der Mehrstufe) und des Superlativs (der Meiststufe) kann man von vielen Qualitätsadjektiven bilden.
Nach der Art der Formbildung unterscheidet man deklinierte und nicht deklinierte Formen.

Musterwort: ва́жный (*Kurzformen* ва́жен, важна́, ва́жно; важны́) — wichtig

Steige-rungsstufen	Nicht deklinierte Formen		Deklinierte Formen	
Positiv	ва́жен	— (ist) wichtig	ва́жный	— der wichtige ...
Komparativ	важн**ée**	— (ist) wichtiger	**бо́лее** ва́жный	— der wichtigere ...
Superlativ	важн**ée всего́**	— (ist) am wichtigsten	**са́мый** ва́жный	— der wichtigste ...
			важн**éйш**ий	— der wichtigste ... *oder:* der sehr wichtige ...

Die nicht deklinierten Steigerungsformen

141 **Bildung**

Komparativ
An den Adjektivstamm wird unveränderliches **-ee** (umgangssprachlich -ей) angefügt.
Die Betonung richtet sich nach der weiblichen Kurzform.

Superlativ
Die Komparativform wird mit dem Genitiv **всего́** (= чем всё — *als alles*) oder
всех (= чем все — *als alle*) verbunden.

In gleicher Weise bildet man die Steigerungsformen der *Adverbien auf* -o (↗ **203**).

Beispiele

Adjektiv (Adverb)	Komparativ	Superlativ
бы́стрый (бы́стро) — schnell	быстр**е́е** — schneller	быстр**е́е** всех — am schnellsten
глу́пый (глу́по) — dumm	глуп**е́е**	глуп**е́е** всех
краси́вый (краси́во) — schön	краси́в**ее**	краси́в**ее** всех
тёплый (тепло́) — warm	тепл**е́е**	тепл**е́е** всего́

! Einige Adjektive und Adverbien bilden *unregelmäßige Komparativformen* auf -e und -ше, z. B.:

большо́й (мно́го) — groß (viel):	бо́льше	ма́ленький (ма́ло) — klein (wenig):	ме́ньше
дешёвый (дёшево) — billig:	деше́вле	дорого́й (до́рого) — teuer:	доро́же
молодо́й — jung:	моло́же	ста́рый — alt:	ста́рше
хоро́ший (хорошо́) — gut:	лу́чше	плохо́й (пло́хо) — schlecht:	ху́же

Gebrauch

Die nicht deklinierten Steigerungsformen verwendet man vorwiegend **prädikativ**.
Deutschem **als** beim Komparativ entspricht im Russischen der **Genitiv** des Wortes, mit dem man etwas vergleicht.

Во́лга длинне́е Днепра́.	— Die Wolga ist länger als der Dnepr.
Мой брат на́ год моло́же меня́.	— Mein Bruder ist ein Jahr jünger als ich.
Наш оте́ц ста́рше твоего́.	— Unser Vater ist älter als deiner.
Разгово́р станови́лся всё интере́сней.	— Das Gespräch wurde immer interessanter.
И́ра умне́е всех.	— Ira ist am klügsten (die Klügste von allen).
Шу́ра моло́же (ста́рше) всех.	— Schura ist der Jüngste (der Älteste).
Интере́снее всего́ была́ пое́здка на о́зеро Байка́л.	— Am interessantesten war die Reise zum Baikalsee.

Die deklinierten Steigerungsformen

Bildung

> **Komparativ**
> Unveränderliches **бо́лее (ме́нее)** tritt vor den Positiv des Adjektivs.
> Бо́лее drückt die Verstärkung, ме́нее die Abschwächung eines Merkmals aus.
>
> **Superlativ**
> • Eine Form von **са́мый** tritt vor den Positiv des Adjektivs.
>   Mit seinem Adjektiv stimmt са́мый in Geschlecht, Zahl und Fall überein. *Oder:*
> • An den Adjektivstamm wird **-ейш-**(ий) oder **-а́йш-**(ий)[1] angefügt.

[1] mit Konsonantenwechsel im Auslaut des Adjektivstammes, z. B. **к** zu **ч** (↗ auch **26**).

Beispiele

Adjektiv	Komparativ	Superlativ
сла́бый	бо́лее сла́бый фильм	са́мый сла́бый фильм
— schwach, schlecht:	— ein schwächerer Film	— der schwächste Film
ва́жный — wichtig:	ме́нее ва́жная зада́ча	са́мая ва́жная зада́ча
высо́кий — hoch:	бо́лее высо́кое зда́ние	са́мое высо́кое зда́ние

Adjektiv	Superlativ	
кру́пный — groß:	крупне́йший го́род	— die größte (*oder:* eine sehr große) Stadt
ва́жный — wichtig:	важне́йшая зада́ча	— die wichtigste (*oder:* eine äußerst wichtige) Aufgabe
глубо́кий — tief:	глубоча́йшее о́зеро	— der tiefste See *oder:* ein ganz tiefer See

Wenige Adjektive bilden deklinierte **Steigerungsformen auf -ш-**(ий), z. B.:

хоро́ший	— gut:	лу́чший	— besserer *oder:* bester
плохо́й	— schlecht:	ху́дший	— schlechterer *oder:* schlechtester
молодо́й	— jung:	мла́дший	— jüngerer *oder:* jüngster
ста́рый	— alt:	ста́рший	— älterer *oder:* ältester

144 | **Gebrauch**

Die deklinierten Steigerungsformen verwendet man als *Attribute* oder als *Prädikatsnomen*. Deutschem *als* beim Komparativ entspricht im Russischen **чем** (davor steht ein Komma).

Сего́дня был бо́лее тёплый день, чем вчера́.	— Heute war ein wärmerer Tag als gestern.
Брат прие́хал с бо́лее ра́нним по́ездом.	— Mein Bruder ist mit einem früheren Zug gekommen.
По-мо́ему, э́то ме́нее ва́жный вопро́с.	— Ich denke, das ist eine nicht so wichtige Frage.
Во́лга — са́мая дли́нная река́ в Евро́пе.	— Die Wolga ist der längste Fluss in Europa.
Метро́ — са́мый бы́стрый и надёжный вид городско́го тра́нспорта.	— Die U-Bahn ist das schnellste und sicherste städtische Verkehrsmittel.
Э́тот вопро́с са́мый ва́жный.	— Diese Frage ist am wichtigsten.

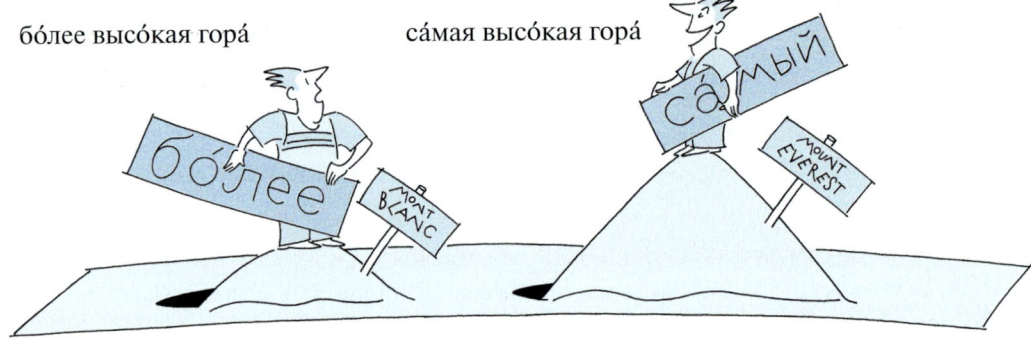

бо́лее высо́кая гора́   са́мая высо́кая гора́

145 | Die Steigerungsformen auf **-ейш-**(ий), **-айш-**(ий) können zweierlei ausdrücken:
- den *höchsten Grad* einer Eigenschaft *oder*
- einen *sehr hohen Grad* einer Eigenschaft; deutsche Wiedergabe: *sehr, ganz, äußerst, überaus*.

Vergleiche:

Крупне́йшие города́ Росси́йской Федера́ции — Москва́ и Санкт-Петербу́рг.	— Die größten Städte der Russischen Föderation sind Moskau und Sankt Petersburg.
И. П. Па́влов был крупне́йшим учёным.	— I. P. Pawlow war ein ganz bedeutender (*nicht*: der bedeutendste) Wissenschaftler.
Ла́дожское о́зеро — велича́йшее о́зеро в Евро́пе.	— Der Ladogasee ist der größte See in Europa.
Алекса́ндр Пу́шкин — велича́йший поэ́т.	— Alexander Puschkin ist ein sehr großer (*nicht*: der größte) Dichter.

Die Steigerungsformen auf **-ш-**(ий) haben teils Komparativ-, teils Superlativbedeutung.

Пе́тя — лу́чший учени́к в кла́ссе.	— Petja ist Klassenbester.
Лу́чшего дру́га не найдёшь.	— Einen besseren Freund findest du nicht.

Das Zahlwort

Zahlwörter (oder Numeralien) benennen eine *Zahl*, eine *Menge* oder den *Platz in einer Zahlenfolge*.

Nach ihrer Bedeutung unterscheidet man

- *Grundzahlwörter*

  Sie benennen eine Zahl oder – in Verbindung mit einem Substantiv – eine bestimmte Menge von Dingen (von Lebewesen, Gegenständen oder gegenständlich Gedachtem), z. B.

  пять – fünf:

  пять друзей – fünf Freunde, пять книг – fünf Bücher, пять часов – fünf Stunden;

- *Ordnungszahlwörter*

  Sie benennen einen bestimmten Platz in einer Zahlenfolge, z. B.

  пятый *m.*, -ая *w.*, -ое *s.* – fünfte(r, -s):

  пятое место – der fünfte Platz (*auch*: Platz 5), пятая страница – Seite 5,

  сто пятый автобус – der Autobus der Linie 105;

- *unbestimmte Zahlwörter*

  Sie benennen – in Verbindung mit einem Substantiv – eine unbestimmte Menge von Dingen, z. B.

  много – viel(e), мало – wenig(e), несколько – einige:

  много друзей – viele Freunde, мало книг – wenige Bücher,

  несколько часов – einige Stunden.

Die Formen der Zahlwörter im Überblick

146 Die meisten *Grundzahlwörter* werden wie Substantive der III. oder и-Deklination (im Singular) gebeugt (↗ **125**). Die Zahlwörter два, три, четы́ре bilden besondere Formen (↗ **150**). Nach dem Geschlecht werden nur оди́н und два unterschieden (↗ **150, 152**).

Die *Ordnungszahlwörter* (mit Ausnahme von тре́тий) werden wie Adjektive mit hartem Stammauslaut dekliniert (↗ **136**).

Der Gebrauch der Zahlwörter im Satz

147 | **Die Grundzahlwörter**

Die Wortgruppe *Grundzahlwort + Substantiv* kann in der Rolle eines jeden Satzgliedes auftreten.

Zum Fall des Substantivs in der Wortgruppe ↗ **152**

Wortgruppe als *Subjekt*

В ма́ленькой сиби́рской дере́вне То́кма живёт 200 (две́сти) челове́к.	— In dem kleinen sibirischen Dorf Tokma leben 200 Menschen.

Wortgruppe als *Objekt*

Неда́вно моско́вский журнали́ст встре́тился с двумя́ жи́телями э́той дере́вни.	— Kürzlich traf sich ein Moskauer Journalist mit zwei Bewohnern dieses Dorfes.

Wortgruppe als *Prädikatsnomen*

Расстоя́ние от Москвы́ до То́кмы — о́коло 4000 (четырёх ты́сяч) киломе́тров.	— Die Entfernung von Moskau bis nach Tokma beträgt ungefähr 4000 Kilometer.

Wortgruppe als *Adverbialbestimmung* der Zeit

Что бу́дет в сиби́рской дере́вне че́рез 100 лет?	— Was wird in dem sibirischen Dorf in 100 Jahren sein?

Die Ordnungszahlwörter

Das Ordnungszahlwort wird als *Attribut* verwendet. Wie ein Adjektiv stimmt es mit dem Substantiv, auf das es sich bezieht, in Geschlecht, Zahl und Fall überein.

Журнали́ст расска́зывал о пе́рвой встре́че с жи́телями сиби́рской дере́вни.	— Der Journalist erzählte über sein erstes Treffen mit Einwohnern des sibirischen Dorfes.

Die Grundzahlwörter

0 – 10	11 – 19 (-надцать)	20 – 90	100 – 900	148
0 — ноль				
1 — один[1]	11 — одиннадцать		100 — сто	
2 — два[2]	12 — двенадцать	20 — двадцать	200 — двести	
3 — три	13 — тринадцать	30 — тридцать	300 — триста	
4 — четыре	14 — четырнадцать	40 — сорок	400 — четыреста	
5 — пять	15 — пятнадцать	50 — пятьдесят	500 — пятьсот	
6 — шесть	16 — шестнадцать	60 — шестьдесят	600 — шестьсот	
7 — семь	17 — семнадцать	70 — семьдесят	700 — семьсот	
8 — восемь	18 — восемнадцать	80 — восемьдесят	800 — восемьсот	
9 — девять	19 — девятнадцать	90 — девяносто	900 — девятьсот	
10 — десять				

1 000 — тысяча *w.*	1 000 000 — миллион *m.*	1 000 000 000 — миллиард[3] *m.*
2 000 — две тысячи	2 000 000 — два миллиона	2 000 000 000 — два миллиарда
5 000 — пять тысяч	5 000 000 — пять миллионов	5 000 000 000 — пять миллиардов

[1] Unterscheide: один (*m.*) километр, одна (*w.*) комната, одно (*s.*) письмо;
   одни (*Plur.*) часы — eine Uhr (↗ auch **128**).
   Beim Zählen wird oft раз verwendet: раз, два, три …

[2] Unterscheide: два (*m.*) часа, два (*s.*) слова, *aber:* две (*w.*) минуты.
   Ebenso оба (*m., s.*), обе (*w.*) — beide.

[3] Im Russischen haben миллиард und биллион die gleiche Bedeutung.

Mehrgliedrige Zahlwörter werden — im Unterschied zum Deutschen, aber so wie im
Englischen und Französischen — in der Reihenfolge ***Zehner — Einer*** gesprochen. Vgl.:

fünfund<u>zwanzig</u>:	*russ.* **два́дцать** пять	*engl.* <u>twenty</u>-five — *franz.* <u>vingt</u>-cinq
25 000:	**два́дцать** пять тысяч	
25 000 000:	**два́дцать** пять миллионов.	

Höhere Zahlen schreibt man meist mit Ziffern. Bei Wiedergabe durch Buchstaben werden die
einzelnen Zahlwörter getrennt geschrieben (siehe oben).

Es gibt einige besondere Zahlwörter (sogenannte ***Sammelzahlwörter***) wie z. B.
2 — двое (*Gen.* двоих), 3 — трое (*Gen.* троих) , 4 — четверо (*Gen.* четверых).

149

Sie stehen bei Substantiven, die nur im Plural gebräuchlich sind (↗ **128**) oder die eine
Personengruppe bezeichnen, und fordern den Genitiv Plural:
сутки *nur Plur.* — Tag und Nacht: двое суток — zwei Tage und zwei Nächte, 48 Stunden;
двое мальчиков (*auch:* два мальчика) — zwei Jungen;
Нас было трое. — Wir waren drei.

150 | Die Deklination der Grundzahlwörter

1

Nom.	оди́н *m.*, одно́ *s.*	одна́ *w.*	одни́ *Plur.*	*Deklination wie* э́тот (↗ 181),
Gen.	одного́	одно́й	одни́х	*aber endbetont*

2 – 4

Nom.	два *m., s.*, две *w.*	о́ба *m., s.*,	о́бе *w.*	три	четы́ре
Gen.	двух	обо́их	обе́их	трёх	четырёх
Dat.	двум	обо́им	обе́им	трём	четырём
Akk.	…	*Nom. oder Gen.*		…	…
Instr.	двумя́	обо́ими	обе́ими	тремя́	четырьмя́
Präp.	о двух	об обо́их	об обе́их	о трёх	о четырёх

5 – 20, 30

Nom., Akk.	пять	во́семь	оди́ннадцать	*Deklination wie* пло́щадь (↗ 125),
Gen.	пяти́	восьми́	оди́ннадцати	*Betonung 11 – 19 auf dem Stamm, sonst auf der Endung*

40, 90, 100

Nom., Akk.	со́рок	девяно́сто	сто	
sonst	сорока́	девяно́ста	ста	

50 – 80

Nom., Akk.	пятьдеся́т	се́мьдесят	*Deklination wie* пло́щадь (↗ 125) *in* **beiden** *Wortteilen, Betonung auf der Endung des ersten Teils*
Gen.	пяти́десяти	семи́десяти	

200 – 900

Nom., Akk.	две́сти	три́ста	пятьсо́т	*Deklination in* **beiden** *Wortteilen, Betonung auf dem zweiten Teil*
Gen.	двухсо́т	трёхсо́т	пятисо́т	

1 000, 1 000 000, 1 000 000 000

Nom.	ты́сяча	миллио́н	миллиа́рд	*Deklination wie Substantive* (↗ 100)
Gen.	ты́сячи	миллио́на	миллиа́рда	

151 | Mehrgliedrige Zahlwörter

Nom.	сто	два́дцать	пять	(ме́тров)	*Deklination jedes einzelnen Zahlworts*
Gen.	ста	двадцати́	пяти́	(ме́тров)	
Nom.	две	ты́сячи	пятьсо́т	(киломе́тров)	
Gen.	двух	ты́сяч	пятисо́т	(киломе́тров)	

Grundzahlwort und Substantiv als Wortgruppe

152

Der Nominativ der Wortgruppe

Grundzahlwort	Fall des Substantivs
оди́н (одна́, одно́)	+ *Nominativ Singular*
... два (две)[1] ... три ... четы́ре	+ *Genitiv Singular*
... пять ... шесть (*usw.*) ... сто	+ *Genitiv Plural*

Bei mehrgliedrigen Zahlwörtern richtet sich der Fall des Substantivs nach dem letzten Wort.

Beispiele

оди́н   час   одна́   мину́та

два }
три } часа́
четы́ре }

две }
три } мину́ты
четы́ре }

пять }
шесть } часо́в
сто }

пять }
шесть } мину́т
сто }

21 (два́дцать оди́н) час — 21 Stunden
22 (два́дцать два) часа́
25 (два́дцать пять) часо́в

[1] Ebenso о́ба (о́бе): о́ба дру́га, о́бе подру́ги.

Der *Akkusativ der Wortgruppe* stimmt in der Regel mit dem *Nominativ* überein. Nur wenn sich 1 — 4 auf ein belebtes Substantiv beziehen, ist der Akkusativ gleich dem Genitiv:
купи́ть *v.* / покупа́ть (что?) два журна́ла, две газе́ты, пять книг;
встре́тить *v.* / встреча́ть (кого?) пять друзе́й,
    aber: одного́ дру́га, одну́ подру́гу (!), двух друзе́й.

In den *anderen Fällen der Wortgruppe* stimmt das Grundzahlwort mit dem Substantiv überein:
помо́чь *v.* / помога́ть (кому?) одному́ тури́сту, двум тури́стам, пяти́ тури́стам;
говори́ть (с кем?) с одни́м дру́гом, с двумя́ друзья́ми, с пятью́ друзья́ми.

Nach **ты́сяча**, **миллио́н**, **миллиа́рд** steht das Substantiv immer im Genitiv Plural, z. B.:
Nom. der Wortgruppe   ты́сяча рубле́й — 1 000 Rubel,
Gen. der Wortgruppe   бо́льше ты́сячи рубле́й — mehr als 1 000 Rubel,
Akk. der Wortgruppe   заплати́ть *v.* / плати́ть ты́сячу рубле́й — 1 000 Rubel bezahlen.

In der Wortgruppe „Grundzahlwort + *Adjektiv* + Substantiv" stimmt das Adjektiv mit dem Substantiv in Zahl und Fall überein. Nach dem Nominativ der Zahlwörter 2 — 4 steht ein Adjektiv jedoch im Genitiv oder im Nominativ *Plural*. Vgl.:

153

оди́н прекра́сный день, пять (двена́дцать, два́дцать) прекра́сных дней,
    aber: два прекра́сных дня, две прекра́сные неде́ли.

Stellung in der Wortgruppe

154

Möchte der Sprecher nur eine *ungefähre Zahlenangabe* machen, so setzt er das Grundzahlwort nicht vor, sondern hinter das Substantiv; deutsche Wiedergabe: *ungefähr, etwa, gegen*.
Прошло́ пять мину́т.   — Es vergingen fünf Minuten.
Прошло́ мину́т пять.   — Es vergingen etwa (ungefähr) fünf Minuten.

Die Ordnungszahlwörter

155

1. – 10.	11. – 19. (-надцатый)	20. – 90.	100. – 1 000.
1. – пе́рвый[1]	11. – оди́ннадцатый		100. – со́тый
2. – второ́й	12. – двена́дцатый	20. – двадца́тый	200. – двухсо́тый
3. – тре́тий[2]	13. – трина́дцатый	30. – тридца́тый	300. – трёхсо́тый
4. – четвёртый	14. – четы́рнадцатый	40. – сороково́й	400. – четырёхсо́тый
5. – пя́тый	15. – пятна́дцатый	50. – пятидеся́тый	500. – пятисо́тый
6. – шесто́й	16. – шестна́дцатый	60. – шестидеся́тый	600. – шестисо́тый
7. – седьмо́й	17. – семна́дцатый	70. – семидеся́тый	700. – семисо́тый
8. – восьмо́й	18. – восемна́дцатый	80. – восьмидеся́тый	800. – восьмисо́тый
9. – девя́тый	19. – девятна́дцатый	90. – девяно́стый	900. – девятисо́тый
10. – деся́тый			1 000. – ты́сячный

[1] Die Nominativendungen lauten wie bei Adjektiven -ый (*oder betont* -о́й) *m.*, -ая *w.*, -ое *s.*; -ые *Plur.*: пе́рвый вопро́с, пе́рвая бу́ква, пе́рвое сло́во; пе́рвые предложе́ния те́кста.

[2] Die Nominativendungen lauten abweichend тре́тий *m.*, тре́тья *w.*, тре́тье *s.*; тре́тьи *Plur.*

Deklination der Ordnungszahlwörter ↗ 136, Deklination von тре́тий (wie чей) ↗ 176

156 Bei *mehrgliedrigen Zahlwörtern* nimmt nur das letzte Wort die Form eines Ordnungszahl-wortes an. Achte auf die Reihenfolge Zehner — Einer (↗ auch **148**).
25-я (два́дцать пя́тая) шко́ла, 131-й (сто три́дцать пе́рвый) авто́бус.

⚠ Durch Ziffern ausgedrückte *Ordnungszahlen* werden im Russischen *ohne Punkt* geschrieben. Mitunter wird die Endung des Ordnungszahlwortes angedeutet, z. B.:
10-й (деся́тый) класс, уча́щиеся 10-го (деся́того) кла́сса, учи́ться в 10-м (деся́том) кла́ссе.

Datumsangabe ↗ 299

Die unbestimmten Zahlwörter

			157
мно́го — viel(e)	**ма́ло** — wenig(e)	**не́сколько** — einige, ein paar	
немно́го — wenig(e)	**нема́ло** — nicht wenig(e), recht viel(e)		

Die unbestimmten Zahlwörter (не-)мно́го, (не-)ма́ло werden nur im Nominativ und im gleichlautenden Akkusativ verwendet.

Unbestimmtes Zahlwort und Substantiv als Wortgruppe

158

Zahlwort	Fall des Substantivs
(не-)мно́го	
(не-)ма́ло	+ *Genitiv (Plur. oder Sing.)*
не́сколько	

Beispiele
мно́го теа́тров, мно́го книг,
ма́ло вре́мени, нема́ло сне́га,
не́сколько дней, не́сколько челове́к,
не́сколько ты́сяч рубле́й

Мно́го, ма́ло können auch — ohne Substantiv — als **Adverbien** gebraucht werden, z. B.:
Вале́рий ма́ло говори́т, но мно́го де́лает.   — Waleri spricht wenig, macht aber viel.

Die Bruchzahlen

Bruchzahlen werden aus einem **Grundzahlwort** für den Zähler und einem **Ordnungszahlwort** für den Nenner gebildet. | **159**
Die Zähler 1 und 2 werden durch die weiblichen Formen одна́ und две wiedergegeben:
Одна́ stimmt mit dem Ordnungszahlwort in Geschlecht, Zahl und Fall überein.
Nach две und den anderen Grundzahlwörtern steht das Ordnungszahlwort im Genitiv Plural.

Gemeine Brüche, gemischte Zahlen und Dezimalbrüche werden im Russischen auf die gleiche Weise ausgedrückt:

Gemeine Brüche	Gemischte Zahlen	Dezimalbrüche
1/3 — одна́ тре́тья	1 1/3 — одна́ це́лая и одна́ тре́тья	0,1 — ноль це́лых и одна́ деся́тая
2/3 — две тре́тьих	2 2/3 — две (це́лых) и две тре́тьих	1,2 — одна́(це́лая) и две деся́тых
5/6 — пять шесты́х	3 5/6 — три (це́лых) и пять шесты́х	2,5 — две (це́лых) и пять деся́тых

Wird eine Bruchzahl mit einem **Substantiv** verbunden, so steht dieses immer im **Gen. Sing.**:
10,2 Sekunden — де́сять и две деся́тых секу́нды
25,7 Prozent — два́дцать пять и семь деся́тых проце́нта

Ein halb kann im Russischen auch ausgedrückt werden durch

* полови́на *w.* — Hälfte: два с полови́ной кило́метра   — zweieinhalb Kilometer,
                   пять с полови́ной киломе́тров   — fünfeinhalb Kilometer;
* пол- in zusammengesetzten Substantiven wie z. B.
полго́да — ein halbes Jahr, пол-ли́тра — ein halber Liter, полчаса́ — eine halbe Stunde;
пол-Москвы́ — halb Moskau.

Das Pronomen

Pronomen (oder Fürwörter) verweisen als
- *Stellvertreter von Substantiven* auf Personen, Gegenstände oder gegenständlich Gedachtes oder als
- *Begleiter von Substantiven* auf deren Merkmale.

Beispiele

	Stellvertreter von Substantiven	*Begleiter von Substantiven*
Fragepronomen (*Interrogativpronomen*)	кто — wer что — was	какóй, какáя, какóе — was für ein(e) чей, чья, чьё — wessen
Demonstrativpronomen	э́то — das	э́тот, э́та, э́то — diese(r, -s) такóй, такáя, такóе — so ein(e)
Bestimmende Pronomen	всё — alles	весь, вся, всё — ganze(r, -s) кáждый, кáждая, кáждое — jede(r, -s)

Die Formen der Pronomen im Überblick

Pronomen werden – wie im Deutschen – dekliniert.

160

Stellvertreter von Substantiven werden nur nach dem Fall abgewandelt, z. B. я, мы, кто, что.

Begleiter von Substantiven werden nach Geschlecht, Zahl und Fall abgewandelt:
* Einige Pronomen werden *wie Adjektive* mit hartem Stammauslaut (↗ **136**) dekliniert, z. B. каждый, какой, какой-то, такой.
* Einige Pronomen weisen eine *gemischte Deklination* auf: Der Nominativ und der Akkusativ werden wie bei Substantiven, die übrigen Fälle wie bei Adjektiven gebildet, z. B. мой, наш, этот, чей, весь.

Der Gebrauch der Pronomen im Satz

Stellvertreter von Substantiven können als *Subjekte* oder als *Objekte* gebraucht werden.

161

Subjekt

Кто пришёл?	– Wer ist gekommen?
Кто-то пришёл.	– Jemand ist gekommen.
Никто не пришёл.	– Niemand ist gekommen.

Objekt

Я об этом уже слышал(-а).	– Ich habe davon schon gehört.
О ком ты говоришь?	– Von wem sprichst du?
О чём ты думаешь?	– Woran denkst du?
Я видел(-а), что отец с кем-то разгова-ривает.	– Ich sah, dass sich Vater mit irgendjemandem unterhielt.

Begleiter von Substantiven verhalten sich wie Adjektive. Sie werden als *Attribute* gebraucht und stimmen mit dem Substantiv, auf das sie sich beziehen, in Geschlecht, Zahl und Fall überein.

162

В этом доме живёт мой друг.	– In diesem Haus wohnt mein Freund.
Ты слышал(-а), какая завтра будет погода?	– Hast du gehört, wie morgen das Wetter wird?
Весь день шёл дождь.	– Den ganzen Tag hat es geregnet.

Pronomen spielen für das Verstehen eines Textes eine wichtige Rolle: Sie verweisen gewöhnlich auf Personen oder Sachverhalte, die im vorangehenden Teil des Textes bereits eingeführt sind. Das zeigt der folgende Textauszug aus der Erzählung von J. Kasakow «Голубое и зелёное».

163

Вдруг я вижу Лилю ... Я делаю шаг ей навстречу, ..., и вдруг острая боль ударяет меня в сердце. Она не одна! Рядом с ней стоит парень ... Он красивый, этот парень, и он держит её под руку ...

Plötzlich sehe ich Lilja ... Ich mache einen Schritt auf sie zu, ..., und plötzlich trifft mich ein heftiger Schlag: Sie ist nicht allein! Neben ihr steht ein junger Kerl ... Er sieht gut aus, dieser Kerl, und er hat sie untergehakt ...

Die Personalpronomen

164

1. Person	2. Person	3. Person

1. Person
я – ich
мы – wir

2. Person
ты – du
вы – ihr, Sie (*Höflichkeitsform*)

3. Person
он – er   онá – sie (*Sing.*)   онó – es
они́ – sie (*Plur.*)

себя́ (*Reflexivpronomen, bezieht sich auf das Subjekt zurück*) – sich; *auch*: mich, dich, uns, euch

друг дру́га – einander, gegenseitig

165 **Deklination**

	Singular 1.Pers.		2. Pers.	3. Pers.		Plural 1. Pers.	2. Pers.	3. Pers.
Nom.	я	– ich	ты	он *m.* онó *s.*	онá *w.*	мы	вы	они́
Gen.	меня́	– meiner	тебя́	его́[2]	её	нас	вас	их
Dat.	мне[1]	– mir	тебé	ему́	ей	нам	вам	им
Akk.	меня́	– mich	тебя́	его́[2]	её	нас	вас	их
Instr.	со мной[1]	– mit mir	с тобóй	с ним[3]	с ней[3]	с нáми	с вáми	с ни́ми[3]
Präp.	обо мне[1]	– von mir	о тебé	о нём[3]	о ней[3]	о нас	о вас	о них[3]

[1] Den Präpositionen, die auf Konsonanten auslauten, wird vor мне oder мной ein -о angefügt: Приходи́ ко мне. – Komm zu mir! Не забывáй обо мне. – Vergiss mich nicht!

[2] Sprich г als [в] (➚ auch **137**).

[3] Hängt eine Form der 3. Person von einer Präposition ab, so wird dieser Form ein н- vorgesetzt:
Это Мáртин. Я учу́сь с ним в одно́м клáссе.   – Das ist Martin. Ich gehe mit ihm in eine Klasse.
Это Тáня. У неё два брáта. Мы с ни́ми живём в одно́м до́ме.   – Das ist Tanja. Sie hat zwei Brüder. Wir wohnen mit ihnen im selben Haus.

Ausnahmen: die Präpositionen благодаря́, навстрéчу (➚ **208**)

! Себя́ (ohne Nominativ!) wird wie ты dekliniert: *Gen.* себя́; *Dat.* себé *usw.*

Друг дру́га (ohne Nominativ!) wird dekliniert, indem der zweite Teil wie ein Substantiv gebeugt wird. Präpositionen werden zwischengeschoben:
помогáть друг дру́гу (*Dat.*)   – sich gegenseitig (einander) helfen
хорошó знать друг дру́га (*Akk.*)   – sich (einander) gut kennen
говори́ть друг с дру́гом (*Instr.*)   – miteinander sprechen

166 **Gebrauch**

Wortgruppe: мы с *mit Instr.*

Ⓡ Ⓓ Die Pronomen мы und вы können (in Verbindung mit der Präposition с *mit Instr.*) für deutsch *ich* oder *du* stehen:
мы с тобóй – du und ich, мы с Кáтей – Katja und ich, вы с ним – du und er.

Зáвтра мы с брáтом поéдем домóй.   – Morgen fahren mein Bruder und ich heim.
Мы с ним на ты.   – Ich duze mich mit ihm. (Wir duzen uns.)

Anrede: ты *oder* вы?

167

Die *vertrauliche Anrede* ist ты — du , die **höfliche Anrede** вы — Sie (im Unterschied zum Deutschen das Pronomen der *2. Person* Plural).

Ты вчера́ был(-а́) на рок-конце́рте?	— Warst du gestern im Rockkonzert?
Вы уже́ бы́ли на вы́ставке произ- веде́ний молоды́х худо́жников?	— <u>Wart ihr</u> schon in der Ausstellung von Werken junger Maler? *Oder:* — <u>Waren Sie</u> schon ...?

Die treffende Übersetzung ergibt sich aus dem Sinnzusammenhang.

Bei vertraulicher Anrede (ты) wird der Gesprächspartner oder die Gesprächspartnerin mit **Vornamen**, häufig in einer Koseform (↗ auch **309**), angesprochen.

168

Пе́тя, что ты бу́дешь де́лать в суббо́ту? — Petja, was hast du am Sonnabend vor?

Bei höflicher Anrede (вы) wird der volle **Vorname und** der **Vatername** (↗ **306**) verwendet.

Пётр Ива́нович, вы в суббо́ту свобо́дны? — Pjotr Iwanowitsch, haben Sie am Sonnabend Zeit?

Die dem Deutschen vergleichbare Anrede mit господи́н oder госпожа́ + *Familienname* wird gewöhnlich nur beim ersten Kennenlernen angewendet.

Die Höflichkeitsformen вы, ваш werden nur in Briefen mit großem Anfangsbuchstaben, sonst kleingeschrieben.

Благодарю́ Вас за Ва́ше письмо́.	— Vielen Dank für Ihren Brief.
Напиши́те, пожа́луйста, вот здесь ваш а́дрес.	— Notieren Sie bitte hier Ihre Anschrift!

Себя́

169

Das Pronomen себя́ — *sich* bezieht sich stets auf das **Subjekt desselben Satzes** zurück.

Ка́тя купи́ла себе́ но́вую блу́зку. — <u>Katja</u> hat <u>sich</u> eine neue Bluse gekauft.

Anders als im Deutschen verwendet man себя́ **für alle Personen** des Singulars und des Plurals. Lautet das Subjekt des Satzes я, ты, мы oder вы, so wird себя́ im Deutschen durch *mich (mir), dich (dir), uns* oder *euch* wiedergegeben.

— Я купи́ла себе́ но́вую блу́зку, — сказа́ла
  Ка́тя.
	— „<u>Ich</u> habe <u>mir</u> eine neue Bluse gekauft",
	  sagte Katja.

Как ты себя́ чу́вствуешь?	— Wie fühlst <u>du</u> <u>dich</u>?
Как вы себя́ чу́вствуете?	— Wie fühlt <u>ihr</u> <u>euch</u>? *Oder*: — Wie fühlen <u>Sie</u> <u>sich</u>?
Расскажи́ немно́го о себе́.	— Erzähle etwas <u>von dir</u>.
Расскажи́те немно́го о себе́.	— Erzählt etwas <u>von euch</u>. *Oder*: — Erzählen <u>Sie</u> etwas <u>von sich</u>.

Die Possessivpronomen

170 | **1. Person** | **2. Person** | **3. Person**

1. Person	2. Person	3. Person
мой – mein	твой – dein	его́ – sein её – ihr (*Sing.*)
наш – unser	ваш – euer, Ihr (*Höflichkeitsform*)	их – ihr (*Plur.*)

свой (*Reflexivpronomen, bezieht sich auf das Subjekt zurück*)
– sein, ihr; *auch*: mein, dein, unser, euer, Ihr

171 | **Deklination**

Мой, **твой** und **наш**, **ваш** weisen eine *gemischte Deklination* auf:
Nominativ und Akkusativ haben Substantivendungen, die anderen Fälle Endungen von
Adjektiven mit weichem Stammauslaut (↗ **137**).

Musterwort: мой – mein

	Singular			Plural
	männlich	sächlich	weiblich	alle Geschlechter
Nom.	мой	моё	моя́	мои́
Gen.	моего́[1]		мое́й	мои́х
Dat.	моему́		мое́й	мои́м
Akk.	Nom. oder Gen.[2]	моё	мою́	Nom. oder Gen.[2]
Instr.	мои́м		мое́й	мои́ми
Präp.	о моём		о мое́й	о мои́х

[1] Sprich г als [в].

[2] Für den Akkusativ Singular und Plural gilt sinngemäß das für Adjektive Gesagte (↗ **135**):
Шу́ра, ты ви́дел мой слова́рь (моего́ бра́та, мою́ сестру́, мою́ тетра́дь)?
– Schura, hast du mein Wörterbuch (meinen Bruder, meine Schwester, mein Heft) gesehen?

Wie мой werden dekliniert

- **твой** (твоя́ *w.*, твоё *s.*; *Plur.* твои́) und **свой** (stets auf der Endung betont),
- **наш** (на́ша *w.*, на́ше *s.*; *Plur.* на́ши) und **ваш** (stets auf dem Stamm betont).
  Die weibliche Form des Akkusativs Singular lautet на́шу, ва́шу (↗ Schreibregel **16**).

⚠ Die als Possessivpronomen der 3. Person gebrauchten Formen **его́**, **её** und **их** sind
unveränderlich. Unterscheide:

Мы бы́ли у <u>него́</u> до́ма.	– Wir waren bei <u>ihm</u> zu Hause.	*Personalpronomen* (↗ **165**)
Мы бы́ли у <u>его́</u> друзе́й.	– Wir waren bei <u>seinen</u> Freunden.	*Possessivpronomen*

Gebrauch

172 | **Anrede: твой** *oder* **ваш?**

Für die *vertrauliche Anrede* wird твой, für die *höfliche Anrede* ваш verwendet (↗ **167**).

Вчера́ я ви́дел(-а) твоего́ дру́га.	– Gestern habe ich deinen Freund gesehen.
Как ва́ше здоро́вье?	– Wie geht es Ihnen?

Свой *oder* **его́, её; их?**

173

Die deklinierten Formen des Pronomens свой — *sein, ihr* beziehen sich stets auf das **Subjekt desselben Satzes** zurück.

Ко́ля ча́сто пи́шет своему́ дру́гу. — Kolja schreibt seinem Freund oft.

Anders als im Deutschen verwendet man свой **für alle Personen** des Singulars und Plurals. Lautet das Subjekt des Satzes я, ты, мы oder вы, so wird свой im Deutschen durch *mein, dein, unser* oder *euer (Ihr)* wiedergegeben (↗ auch **169**).

— Я ча́сто пишу́ своему́ дру́гу, — сказа́л Ко́ля. — „Ich schreibe meinem Freund oft", sagte Kolja.

Лю́ба дала́ нам свой а́дрес. — Ljuba hat uns ihre Adresse gegeben.

Лю́ба, ты уже́ дала́ нам свой а́дрес? — Ljuba, hast du uns schon deine Adresse gegeben?

Вы получи́ли отве́т на свой вопро́с? — Habt ihr eine Antwort auf eure Frage erhalten? *Oder:* Haben Sie … auf Ihre Frage …?

Die unveränderlichen Pronomen

174

его́ — *sein* (für ein männliches oder sächliches Substantiv im Singular),

её — *ihr* (für ein weibliches Substantiv im Singular) und

их — *ihr* (für ein Substantiv im Plural oder für mehrere Substantive)

beziehen sich **nicht** auf das **Subjekt desselben Satzes**.

Я дружу́ с Пе́тей. Его́ оте́ц рабо́тает журнали́стом. — Ich bin mit Petja befreundet. Sein Vater ist als Journalist tätig.

Э́то Ли́да. Её муж — архите́ктор. — Das ist Lida. Ihr Mann ist Architekt.

К На́де и Бо́ре ча́сто прихо́дят их друзья́. — Nadja und Borja bekommen oft Besuch von ihren Freunden.

Unterscheide:

Бо́ря встреча́л … — Borja begrüßte …

… свои́х друзе́й. — … seine (eigenen) Freunde.

… Ла́рса и его́ друзе́й. — … Lars und seine (= dessen) Freunde.

… Ка́рин и её подру́г. — … Karin und ihre Freundinnen.

… Ла́рса, Ка́рин и их друзе́й. — … Lars, Karin und ihre (= deren) Freunde.

Die Fragepronomen

Stellvertreter von Substantiven:

кто? — wer?
что? — was?

Begleiter von Substantiven:

чей? — wessen?
кото́рый? — welcher?, der wievielte?
како́й? — welcher?, was für ein?
како́в? (*nur präd.*) — wie (ist)?

175

Deklination

176

Кто wird wie тот dekliniert (↗ **181**), **что** mit weichem Stammauslaut entsprechend.

Чей weist eine *gemischte Deklination* auf:
Nominativ und Akkusativ haben Substantivendungen, die anderen Fälle Endungen von Adjektiven mit weichem Stammauslaut (↗ **137**).

Кото́рый und **како́й** werden wie Adjektive mit hartem Stammauslaut dekliniert (➚ 136).
Како́в m. (какова́ w., каково́ s.; каковы́ Plur.) wird nur nach Geschlecht und Zahl verändert.

	Singular		Singular			Plural
			männlich	sächlich	weiblich	alle Geschlechter
Nom.	кто	что	чей	чьё	чья	чьи
Gen.	кого́[1]	чего́[1]	чьего́[1]		чьей	чьих
Dat.	кому́	чему́	чьему́		чьей	чьим
Akk.	кого́[1]	что	*Nom. oder Gen.*[2]	чьё	чью	*Nom. oder Gen.*[2]
Instr.	кем	чем	чьим		чьей	чьи́ми
Präp.	о ком	о чём	о чьём		о чьей	о чьих

[1] Sprich г als [в].
[2] Für den Akkusativ Singular und Plural gilt sinngemäß das für Adjektive Gesagte (➚ 135).

Gebrauch

177 | Кто *oder* **что?**

Nach Personen fragt man – wie auch im Deutschen – mit den Formen von кто – *wer*; sonst verwendet man die Formen von что.

Кто э́то? – Мой брат.　　　　　　　　– Wer ist das? – Mein Bruder.
С кем вы говори́ли?　　　　　　　　– Mit wem habt ihr gesprochen?
Что случи́лось?　　　　　　　　　　– Was ist passiert?
О чём ты ду́маешь?　　　　　　　　– Woran denkst du?

Кто твой брат по профе́ссии?　　　– Was ist dein Bruder von Beruf?
Кем ты хо́чешь стать?　　　　　　　– Was möchtest du werden?

178 | Чей

Mit dem Pronomen чей – *wessen* fragt man nach dem Besitzer einer Sache.
Чей stimmt – im Unterschied zum deutschen *wessen* – in Geschlecht, Zahl und Fall mit dem Substantiv überein, das die Sache bezeichnet.

Чей э́то рюкза́к?　　　　　　　　　– Wessen Rucksack ist das?
Чья э́то кни́га?　　　　　　　　　　– Wessen Buch ist das?
Чьи ве́щи там лежа́т?　　　　　　　– Wessen Sachen liegen dort?

179 | Кото́рый, како́й *oder* **како́в?**

Mit dem Pronomen кото́рый – *welcher, der wievielte* fragt man nach der Reihenfolge, mit dem Pronomen како́й – *welcher, was für ein* nach der Qualität.

Кото́рый час? (*auch*: Ско́лько вре́мени?)　– Wie spät ist es?
Кака́я сего́дня пого́да?　　　　　　　　– Was haben wir heute für ein Wetter?
Како́го цве́та твоё пла́тье?　　　　　　– Welche Farbe hat dein Kleid?

Das Pronomen како́в – *wie (ist)* wird nur als Prädikatsnomen benutzt (➚ auch 183).
Каково́ ва́ше мне́ние?　　　　　　　　– Wie ist eure (*oder*: Ihre) Meinung?

Како́е сего́дня числó?　　　　　　　　– Was für ein Datum ist heute?

Die Demonstrativpronomen

Stellvertreter von Substantiven:	*Begleiter von Substantiven:*		**180**
э́то *s.*— das	**э́тот** — dieser; der (hier) **тако́й** — solcher, so ein	
	тот — jener; der (dort) **тако́в** (*nur präd.*) — so (ist)	

Deklination

181

Э́тот und **тот** weisen eine gemischte Deklination auf:
Nominativ und Akkusativ haben Substantivendungen, die anderen Fälle Endungen von Adjektiven mit hartem Stammauslaut (↗ **136**).

Тако́й wird wie ein Adjektiv mit hartem Stammauslaut dekliniert.
Тако́в *m.* (такова́ *w.*, таково́ *s.*; таковы́ *Plur.*) wird nur nach Geschlecht und Zahl verändert.

Musterwort: э́тот — dieser

	Singular männlich	sächlich	weiblich	**Plural** alle Geschlechter
Nom.	э́тот	э́то	э́та	э́ти
Gen.	э́того[1]		э́той	э́тих
Dat.	э́тому		э́той	э́тим
Akk.	*Nom. oder Gen.*[2]	э́то	э́ту	*Nom. oder Gen.*[2]
Instr.	э́тим		э́той	э́тими
Präp.	об э́том		об э́той	об э́тих

[1] Sprich г als [в].
[2] Für den Akkusativ Singular und Plural gilt sinngemäß das für Adjektive Gesagte (↗ **135**):
— Ле́на, ты купи́ла э́тот плато́к (э́ту блу́зку)? — Lena, hast du dieses Tuch (diese Bluse) gekauft?
— Ты зна́ешь э́того па́рня (э́ту де́вушку)? — Kennst du diesen Burschen (dieses Mädchen)?

Wie э́тот wird **тот** (та *w.*, то *s.*; те *Plur.*) dekliniert (jedoch stets auf der Endung betont).
Die männliche und die sächliche Form des Instrumentals Singular lautet abweichend тем, der Plural те, тех, тем, те́ми, о тех.

Gebrauch

Э́тот *oder* тот?

182

Das Pronomen э́тот — *dieser* weist auf räumlich oder zeitlich Näherliegendes oder auf gerade Erwähntes, das Pronomen тот — *jener; der (dort)* auf Entfernteres.
В э́том до́ме живёт мой друг, а в том — я. — In diesem Haus wohnt mein Freund, und in dem dort wohne ich.

В э́том году́ ле́то жа́ркое. — In diesem Jahr haben wir einen heißen Sommer.

Я ничего́ не зна́ю об э́том (де́ле). — Ich weiß nichts davon.

! тот же (са́мый) — derselbe, der gleiche; не тот — nicht der richtige, der falsche.

Мы живём в том же до́ме, что и ра́ньше.	— Wir wohnen in demselben Haus wie früher.
Вы се́ли не в тот авто́бус.	— Sie sind in den falschen Bus gestiegen.

Als Stellvertreter eines Substantivs hat э́то *s.* die Bedeutung *das.*

Я э́то зна́ю то́чно.	— Ich weiß das genau.
Об э́том мы уже́ говори́ли.	— Darüber haben wir schon gesprochen.
Знако́мьтесь. Э́то Евге́ний, а э́то И́нго.	— Macht euch (miteinander) bekannt. Das ist Jewgeni, und das ist Ingo.

183 | **Тако́й** *oder* **тако́в?**

Das Pronomen тако́й — *solcher, so ein* wird vor allem als Attribut,
das Pronomen тако́в — *so (ist)* nur als Prädikatsnomen benutzt.

Таки́е специали́сты везде́ нужны́.	— Solche Fachleute werden überall gebraucht.
Брат тако́го же ро́ста, как и я.	— Mein Bruder ist genauso groß wie ich.
Таково́ моё мне́ние.	— Das ist meine Meinung.

Die Relativpronomen

184 | *Stellvertreter von Substantiven:*   *Begleiter von Substantiven:*

кто — wer, der   **кото́рый** — welcher, der

что — was, das   *Gen. Sing.* кото́рого *m.,s.* — dessen, кото́рой *w.* — deren

                               Gen. Plur. кото́рых *Plur.* — deren

                               како́й — welcher, was für ein, wie

Die gleichen Wörter, die als Fragepronomen auftreten, können auch als Relativpronomen verwendet werden. Zur Deklination ↗ **176**.
Die Genitivformen кото́рого *usw.* werden nach Geschlecht und Zahl unterschieden.

185 | **Gebrauch**

Relativpronomen leiten *verschiedene Nebensätze* ein.

Häufig leitet das Pronomen кото́рый — *welcher, der* einen *Attributsatz* ein (↗ auch **268**):
Durch den Nebensatz wird ein Substantiv, das im Hauptsatz steht, näher erläutert.

R D Mit diesem Substantiv stimmt das Relativpronomen — wie im Deutschen — in Geschlecht und Zahl überein. Der Fall hängt von der Funktion des Pronomens im Nebensatz ab.

Я прочита́л(-а) текст, кото́рый расска́зывает об исто́рии Третьяко́вской галере́и в Москве́.	– Ich habe einen <u>Text</u> gelesen, <u>der</u> von der Geschichte der Tretjakowgalerie in Moskau berichtet.
В 1892 году́ в галере́е бы́ло 25 за́лов, в кото́рых мо́жно бы́ло посмотре́ть карти́ны ру́сских худо́жников.	– 1892 gab es in der Galerie <u>25 Säle</u>, <u>in denen</u> man Gemälde russischer Künstler besichtigen konnte.

Die Genitivformen кото́рого, кото́рой; кото́рых werden ihrem Substantiv im Nebensatz nachgestellt (im Deutschen stehen *dessen, deren* davor).

Э́тот музе́й, в за́лах кото́рого (!) пред-
ста́влена богате́йшая колле́кция ру́сской
жи́вописи 18—20 веко́в, ежего́дно
посеща́ет о́коло миллио́на челове́к.

— Dieses Museum, in dessen Sälen (!) eine
außerordentlich reichhaltige Sammlung
russischer Malerei des 18.—20. Jahrhunderts
vertreten ist, besuchen jährlich etwa eine
Million Menschen.

Relativpronomen können auch einen *Objektsatz* einleiten: Dieser ergänzt die im Hauptsatz getroffene Aussage des Prädikats.

Я не по́мню, на како́й спекта́кль Ю́лия
купи́ла биле́ты.
Я не зна́ю, с кем Ю́лия говори́ла.

— Ich kann mich nicht erinnern, für welche
Vorstellung Julia Karten gekauft hat.
— Ich weiß nicht, mit wem Julia gesprochen hat.

Die bestimmenden Pronomen

| *Stellvertreter von Substantiven:* | *Begleiter von Substantiven:* | | 186 |

Stellvertreter von Substantiven:
всё — alles;
   все *Plur.* — alle

Begleiter von Substantiven:
весь   — der ganze;   ка́ждый — jeder
все *Plur.* — alle   вся́кий — jeder mögliche
це́лый — ein ganzer   любо́й — jeder beliebige

сам   — selbst, selber
са́мый — unmittelbar

Deklination   187

Весь (substantivisch **всё**) und **сам** weisen eine gemischte Deklination auf:
Nominativ und Akkusativ haben Substantivendungen, die anderen Fälle Adjektivendungen.

Сам (сама́ *w.*, само́ *s.*; са́ми *Plur.*) wird wie das Pronomen э́тот (↗ 181) dekliniert (jedoch stets auf der letzten Silbe betont): *Gen. Sing. m.* самого́, *w.* само́й; *Plur.* сами́х.

Die anderen Pronomen werden wie Adjektive mit hartem Stammauslaut dekliniert.

	Singular männlich	sächlich	weiblich	Plural alle Geschlechter
Nom.	весь	всё	вся	все
Gen.	всего́[1]		всей	всех
Dat.	всему́		всей	всем
Akk.	*Nom. oder Gen.*[2]	всё	всю	*Nom. oder Gen.*[2]
Instr.	всем		всей	все́ми
Präp.	обо всём		обо всей	обо всех

[1] Sprich г als [в].

[2] Für den Akkusativ Singular und Plural gilt sinngemäß das für Adjektive Gesagte (↗ 135):
Я прочита́л(-а) весь рома́н (все статьи́).   — Ich habe den ganzen Roman (alle Artikel) gelesen.
Ко́ля пригласи́л всех друзе́й.   — Kolja hat alle Freunde eingeladen.

Gebrauch

188 Весь *oder* **це́лый?**

(R)(D) Der Bedeutungsunterschied zwischen весь und це́лый kann im Deutschen durch den Artikel ausgedrückt werden:

весь – der ganze, ganz; все *Plur.* – alle; це́лый – ein ganzer, ganz.

Весь день шёл дождь.	– <u>Den</u> ganzen Tag hat es geregnet.
Мы жда́ли Рома́на це́лый час.	– Wir haben auf Roman <u>eine</u> ganze Stunde gewartet.
Я прочита́л(-а) всю кни́гу (в оди́н присе́ст).	– Ich habe <u>das</u> ganze Buch (in einem Zug) gelesen.
Он за́лпом вы́пил це́лый стака́н воды́.	– Er hat <u>ein</u> ganzes Glas Wasser (in einem Zug) getrunken.
Биле́ты продаю́тся во всех театра́льных ка́ссах.	– Karten werden an allen Theaterkassen verkauft.

Steigerungsformen mit всего́ oder всех ↗ 141, 203

Als Stellvertreter eines Substantivs hat всё die Bedeutung *alles*.

Мы говори́ли обо всём.	– Wir haben über alles gesprochen.
Всё в поря́дке.	– Es ist alles in Ordnung.

Als verstärkende Partikel (↗ **218**) hat всё die Bedeutung *immer*.

Разгово́р станови́лся всё интере́снее.	– Das Gespräch wurde immer interessanter.

189 Сам *oder* **са́мый?**

Das Pronomen сам – *selbst, selber; selbstständig, allein* steht *nach* einem Personalpronomen oder einem Substantiv und verweist nachdrücklich auf dieses Wort.
Das Pronomen са́мый – *unmittelbar, direkt, ganz* steht *vor* einem Substantiv und verweist auf die unmittelbare Nähe von Raum oder Zeit.

Я реши́л(-а) э́ту зада́чу сам(-а́).	– Ich habe diese Aufgabe selbst (*auch*: selbstständig, allein) gelöst.
<u>Мы</u> са́ми ви́дели э́ту ава́рию.	– Wir haben diesen Unfall selbst (*auch*: mit eigenen Augen) gesehen.
Позвони́ <u>ему́</u> самому́.	– Ruf ihn (bitte) selbst an!
<u>Дверь</u> сама́ закры́лась.	– Die Tür ist von allein zugeschlagen.
Це́рковь стои́т <u>на</u> са́мом <u>берегу́</u> о́зера.	– Die Kirche steht unmittelbar am Ufer eines Sees (*auch*: direkt am See).
Мы оста́лись на конце́рте <u>до</u> са́мого конца́.	– Wir sind im Konzert bis ganz zum Schluss geblieben.
Встре́тимся за́втра <u>на том же</u> са́мом ме́сте.	– Morgen treffen wir uns an der gleichen Stelle. (↗ *auch* **182**)

Steigerungsformen mit са́мый ↗ 140, 143

Die unbestimmten Pronomen

	Stellvertreter von Substantiven:	Begleiter von Substantiven:	**190**
-то:	кто́-то — jemand	како́й-то — (irgend)ein	
	что́-то — etwas		
-нибудь:	кто́-нибудь — (irgend)jemand	како́й-нибудь — (irgend)ein	
	что́-нибудь — (irgend)etwas		
ко́е-:	ко́е-кто́ — dieser und jener; einige	ко́е-како́й — (irgend)ein, *Plur.* einige	
	ко́е-что́ — dieses und jenes; einiges		
не́-:		не́который — ein gewisser; *Plur.* einige	

Bildung und Deklination

191

Die unbestimmten Pronomen werden *von Fragepronomen abgeleitet*, und zwar durch Anfügen von -то, -нибудь oder durch Vorsetzen von ко́е-, не́- (jeweils mit Bindestrich).

Sie werden auch *wie* die entsprechenden *Fragepronomen dekliniert* (↗ **176**).
Verbindet man ein mit ко́е- gebildetes Pronomen mit einer Präposition, so wird diese zwischengeschoben (alle Bestandteile werden dann getrennt geschrieben), z. B.
ко́е-кто́: ко́е у кого́ — bei diesem und jenem, ко́е с ке́м — mit diesem und jenem.

Gebrauch

192

Unbestimmte Pronomen verweisen auf Personen, Gegenstände oder Merkmale, über die der Sprecher seine(n) Gesprächspartner *im Ungewissen* lässt. Der Sprecher tut dies,
* weil die betreffenden Personen oder Gegenstände ihm selbst
  unbekannt sind oder er sie *nicht* für *erwähnenswert* hält
  (vor allem in Aussagesätzen):   Pronomen auf **-то** und **не́-**,
* weil ihm *gleichgültig* ist, um welche Personen oder
  Gegenstände es sich tatsächlich handelt
  (oft in Frage- und in Aufforderungssätzen):   Pronomen auf **-нибудь**,
* weil er seine Äußerung bewusst *offenhalten* will
  (in Aussagesätzen):   Pronomen auf **ко́е-**.

Wie die obige Übersicht zeigt, werden unterschiedliche unbestimmte Pronomen im Deutschen oft durch ein und dasselbe deutsche Wort wiedergegeben.

Тебе́ кто́-то звони́л.	— (Irgend)jemand hat dich angerufen.
Кака́я-то де́вушка спра́шивает тебя́.	— (Irgend)ein Mädchen möchte dich sprechen.
Она́ что́-то сказа́ла, но (из-за шу́ма) я не расслы́шал(-а).	— Sie hat irgendetwas gesagt, aber ich habe es (wegen des Lärms) nicht verstanden.
Прошло́ не́которое вре́мя.	— Es verging eine gewisse Zeit.
Мне кто́-нибудь звони́л?	— Hat (mich irgend)jemand angerufen?
Я хочу́ посмотре́ть како́й-нибудь но́вый фильм.	— Ich möchte mir irgendeinen neuen Film ansehen.
Расскажи́ мне о чём-нибудь.	— Erzähl mir (irgend)etwas!
Я ко́е-кого́ из вас зна́ю.	— Ich kenne einige (diesen und jenen) von euch.
Я хочу́ рассказа́ть вам ко́е о чём.	— Ich möchte euch etwas (einiges) erzählen.

Die Negativpronomen

193			
ни-:	*Stellvertreter von Substantiven:*		*Begleiter von Substantiven:*

ни-:

Stellvertreter von Substantiven:

никто́ — niemand
ничто́ (ничего́) — nichts

Begleiter von Substantiven:

никако́й — kein, keinerlei

---

194 **Bildung und Deklination**

Die Negativpronomen werden — wie auch die unbestimmten Pronomen (↗ **191**) — *von Fragepronomen abgeleitet*, und zwar durch das Davorsetzen von ни- (ohne Bindestrich).

Sie werden auch **wie** die entsprechenden *Fragepronomen dekliniert* (↗ **176**).
Verbindet man ein Negativpronomen mit einer Präposition, so wird diese dazwischengeschoben (alle Bestandteile werden dann getrennt geschrieben), z. B.
никто́: ни у кого́ — bei niemandem, ни с ке́м — mit niemandem.

Gebrauch

195 Negativpronomen verweisen darauf, dass die im Satz erwähnten Personen, Gegenstände oder Merkmale nicht vorhanden sind.

Die durch die Pronomen ausgedrückte *Verneinung wird* — anders als im Deutschen — stets durch не (oder нет, нельзя́) *verstärkt* (↗ **217**).

В ко́мнате никого́ нет.	— Im Zimmer ist niemand.
Никто́ не звони́л.	— Es hat niemand angerufen.
Я ни с ке́м не говори́л(-а).	— Ich habe mit niemandem gesprochen.
Ничего́ не случи́лось.	— Es ist nichts passiert.
Никто́ ничего́ не знал.	— Niemand wusste irgendetwas.
В э́той зада́че нет ничего́ сло́жного.	— An dieser Aufgabe ist nichts schwierig.
Никаки́х грибо́в в лесу́ мы не нашли́.	— Wir haben im Wald überhaupt keine Pilze gefunden.
— Кака́я из э́тих карти́н тебе́ нра́вится?	— Welches dieser Bilder gefällt dir?
— Открове́нно говоря́, никака́я.	— Ehrlich gesagt, kein einziges.

Ничего́ kann auch gebraucht werden
• als *Adverb* in der Bedeutung *nicht schlecht, einigermaßen, ganz gut*:

Сейча́с я чу́вствую себя́ ничего́.	— Jetzt fühle ich mich ganz gut.

• als *Partikel* (↗ **216–221**) in der Bedeutung *das macht nichts, das schadet nichts*:

— Ой, извини́те, пожа́луйста, я вас толкну́л(-а) неча́янно.	— Entschuldigen Sie bitte, dass ich Sie (versehentlich) gestoßen habe.
— Ничего́.	— (Das) macht nichts.

Die besonderen Negativpronomen не́кого (*ohne Nom.*) — *niemand* und не́чего (*ohne Nom.*) — *nichts* werden nur in Infinitivsätzen (↗ **248**) gebraucht; die Verneinung wird nicht verstärkt.

Не́кого спроси́ть.	— Man kann niemanden fragen.
Не́чего де́лать.	— Da kann man nichts machen.

Das Adverb

Adverbien (oder Umstandswörter) sind unveränderliche Wörter: Sie benennen die **näheren Umstände** einer Handlung oder die **Intensität** eines Merkmals.

Adverbien können vor allem

- ein **Verb** näher bestimmen, z. B.:

читáть	(как?) бы́стро, внимáтельно	— (wie?) schnell, aufmerksam lesen
	(где?) дóма, там	— (wo?) zu Hause, dort lesen
	(когдá?) вéчером	— (wann?) abends lesen
	(в какóй стéпени?) мнóго, мáло	— (in welchem Grad?) viel, wenig lesen;

- ein **Adjektiv** oder ein **Adverb** näher bestimmen, z. B.:

óчень вкýсное блю́до	— ein sehr leckeres Gericht
слúшком горя́чий чай	— zu heißer Tee
говорúть хорошó по-рýсски	— gut Russisch sprechen.

Von vielen Adverbien können **Steigerungsformen** gebildet werden:
бы́стро, *Komparativ*: быстрéе — schneller, *Superlativ*: быстрéе всегó — am schnellsten.

Die Arten der Adverbien im Überblick

196 | Adverbien der Art und Weise

Как? – Wie? **Каки́м о́бразом?** – Auf welche Art und Weise?

> Zahlreiche Adverbien der Art und Weise sind von Qualitätsadjektiven *mithilfe des*
> *Suffixes -o* (nach weichem Stammauslaut -e) abgeleitet:
> *Adjektiv* интере́сный: *Stamm* **интересн-** + *Suffix* **-o** = *Adverb* **интере́сно**.
>
> Diese Form stimmt mit der sächlichen Kurzform des Adjektivs überein (➚ **131**).

Beispiele

говори́ть (*как?*)	– sprechen, reden (*wie?*)
гро́мко, ти́хо, бы́стро, ме́дленно, про́сто, хорошо́, и́скренне	laut, leise, schnell, langsam, einfach, gut, aufrichtig
чита́ть (*на како́м языке́?*)	– lesen (*in welcher Sprache?*)
по-ру́сски, по-неме́цки	in Russisch, in Deutsch
де́лать что́-нибудь (*как?*)	– etwas tun (*wie?*)
по-но́вому, по-друго́му	auf neue Art und Weise, auf andere Art

197 | Adverbien des Ortes

Где? – Wo?	Куда́? – Wohin?	Отку́да? – Woher?
здесь, тут – hier	сюда́ – hierher	отсю́да – von hier (aus)
там – dort	туда́ – dorthin	отту́да – von dort (her)
сле́ва – links	нале́во – nach links	сле́ва – von links
спра́ва – rechts	напра́во – nach rechts	спра́ва – von rechts
вверху́ – oben	вверх – nach oben, hinauf	све́рху – von oben (herab)
внизу́ – unten	вниз – nach unten, hinunter	сни́зу – von unten (herauf)
до́ма – zu Hause	домо́й – nach Hause	и́з дому – von zu Hause

198 | Adverbien der Zeit

Когда́? – Wann? **В како́е вре́мя?** – Zu welcher Zeit?

ра́но – früh	ра́ньше – früher	по́здно – spät	по́зже – später
тепе́рь – jetzt, nun	сейча́с – jetzt; sofort	ско́ро – bald, in Kürze	давно́ – seit langem
всегда́ – immer	ча́сто – oft	иногда́ – manchmal	ре́дко – selten
снача́ла – zuerst	пото́м – dann, danach		
вчера́ – gestern	сего́дня – heute	за́втра – morgen	
позавчера́ – vorgestern		послеза́втра – übermorgen	
у́тром – morgens	днём – tagsüber	ве́чером – abends	но́чью – nachts
весно́й – im Frühling	ле́том – im Sommer	о́сенью – im Herbst	зимо́й – im Winter

Adverbien des Grades

Unbestimmte Zahlwörter ↗ 157/158 **199**

Adverbien des Grades benennen *die Intensität* einer Handlung oder eines Merkmals.

В какóй стéпени? – In welchem Grad?, In welchem Maß?

Auf eine *höhere Intensität* verweisen z. B.

мнóго – viel:	мнóго занимáться спóртом – viel Sport treiben,
óчень – sehr:	óчень симпатúчный человéк – ein sehr sympathischer Mensch,
осóбенно – besonders:	осóбенно сúльная комáнда – eine besonders starke Mannschaft.

Auf eine *geringere Intensität* verweisen z. B.

мáло – wenig:	мáло есть – wenig essen,
немнóго – ein bisschen:	немнóго отдохнýть *v.* – sich etwas ausruhen,
не совсéм – nicht ganz:	не совсéм понимáть – nicht ganz verstehen.

Unbestimmte Adverbien

Unbestimmte Pronomen ↗ 190–192 **200**

Где? – Wo?	**Кудá?** – Wohin?	**Когдá?** – Wann?
гдé-то – irgendwo	кудá-то – irgendwohin	когдá-то – irgendwann
гдé-нибудь – irgendwo	кудá-нибудь – irgendwohin	когдá-нибудь – irgendwann

Die unbestimmten Adverbien werden *von Frageadverbien abgeleitet*, und zwar durch Anfügen von -то oder -нибудь (jeweils mit Bindestrich).

Unbestimmte Adverbien verweisen auf nähere Umstände, über die der Sprecher seine(n) Gesprächspartner *im Ungewissen* lässt. Der Sprecher tut dies,
• weil ihm die Umstände *unbekannt* sind: Adverbien auf **-то**,
• weil ihm die Umstände *gleichgültig* sind: Adverbien auf **-нибудь**.

Мы гдé-то встречáлись.	– Wir sind uns (schon) irgendwo begegnet.
Я кудá-то положúл(-а) ключú и не могý их найтú.	– Ich habe die Schlüssel irgendwohin gelegt und kann sie jetzt nicht finden.
Пойдём кудá-нибудь в воскресéнье?	– Gehen wir am Sonntag irgendwohin?
Есть здесь гдé-нибудь поблúзости кинотеáтр?	– Gibt es hier irgendwo in der Nähe ein Kino?

Negativadverbien

Negativpronomen ↗ 193–195 **201**

Где? – Wo?	**Кудá?** – Wohin?	**Когдá?** – Wann?
нигдé – nirgends	никудá – nirgendwohin	никогдá – nie, niemals

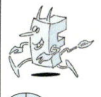

Die Negativadverbien werden *von Frageadverbien abgeleitet*, und zwar durch Vorsetzen von ни- (Zusammenschreibung ohne Bindestrich).
Die durch diese Adverbien ausgedrückte *Verneinung wird* – anders als im Deutschen – stets durch не (oder нет, нельзя́) *verstärkt* (↗ 217).

Кóстя нигдé не мог найтú свою́ сестрý.	– Kostja konnte seine Schwester nirgends finden.
– Её нигдé нет, – сказáл он.	– „Sie ist nirgends (zu finden)“, sagte er.
Я никогдá не забýду э́тот день.	– Ich werde diesen Tag nie vergessen.

Der Gebrauch der Adverbien im Satz

202 Adverbien werden im Satz vor allem als ***Adverbialbestimmungen*** gebraucht: Sie benennen die näheren Umstände einer Handlung, die durch das Prädikat ausgedrückt wird.

Ве́чером мы пое́хали на вокза́л.	— Am Abend sind wir zum Bahnhof gefahren.
Проводни́к до́лго и внима́тельно рассма́тривал на́ши биле́ты.	— Der Zugbegleiter sah sich unsere Fahrkarten lange und genau an.

Adverbien des Grades können – wie im Deutschen – sowohl Verben wie auch Adjektive und Adverbien näher bestimmen. Vgl. z. B.:

Я о́чень люблю́ танцева́ть.	— Ich tanze sehr gerne.
Вале́рий – о́чень симпати́чный па́рень.	— Waleri ist ein sehr sympathischer Junge.
Мы о́чень бы́стро ста́ли друзья́ми.	— Wir sind sehr schnell Freunde geworden.

Adverbien können im Satz auch als so genannte ***Schaltwörter*** gebraucht werden: Diese deuten die persönliche Einstellung des Sprechers zum Inhalt seiner Äußerung an. Schaltwörter sind stets durch Kommas vom übrigen Satzganzen abgetrennt, z. B.

Безусло́вно, Во́ва прав.	— Wowa hat natürlich (zweifellos) Recht.
Прости́те, вы, случа́йно, не зна́ете, како́й авто́бус туда́ идёт?	— Entschuldigung, Sie wissen nicht zufällig, welcher Autobus dorthin fährt?

Die Steigerung der Adverbien

203 **Bildung**

Von vielen Adverbien auf -o kann man Formen des Komparativs und des Superlativs bilden.

> Die Steigerungsformen der Adverbien auf -o bildet man ***in gleicher Weise*** wie die nicht deklinierten Steigerungsformen der ***Adjektive*** (↗ **141**).
>
> ***Komparativ***: unveränderliches **-ee** (umgangssprachlich -ей), unregelmäßig -e oder -ше.
> ***Superlativ***: Komparativform + **всего́** (= чем всё) oder **всех** (= чем все).

Beispiele

Adverb (Adjektiv)	**Komparativ**	**Superlativ**
бы́стро (бы́стрый) – schnell	быстре́е – schneller	быстре́е всех – am schnellsten
хорошо́ (хоро́ший) – gut	лу́чше – besser	лу́чше всего́ – am besten
мно́го (большо́й) – viel (groß)	бо́льше – mehr	бо́льше всего́ – am meisten

204 **Gebrauch**

Deutschem ***als*** beim Komparativ entspricht im Russischen
• der ***Genitiv*** des Wortes, mit dem man etwas vergleicht, oder
• die Konjunktion чем (vor чем steht stets ein Komma!).

Ты э́то зна́ешь лу́чше меня́ (лу́чше, чем я).	— Du weißt das besser als ich.
Я интересу́юсь биоло́гией бо́льше, чем фи́зикой.	— Ich interessiere mich mehr für Biologie als für Physik.

Die prädikativen Adverbien

Einige Adverbien treten **in unpersönlichen** (d. h. subjektlosen) Sätzen als **Prädikate** auf. Sie werden als prädikative Adverbien (manchmal auch als Zustandswörter) bezeichnet.

205

Beispiele für den Gebrauch des Adverbs тепло́:

- Adverb тепло́ als **Adverbialbestimmung**:

  Мы оде́лись тепло́.   — Wir hatten uns warm angezogen.

  Мы тепло́ поздоро́вались со все́ми.   — Wir begrüßten alle herzlich.

- Adverb тепло́ als **Prädikat** in einem unpersönlichen Satz (= prädikatives Adverb):

  Сего́дня тепло́.   — Heute ist es warm.

  Вчера́ бы́ло ещё тепле́е.   — Gestern war es noch wärmer.

Prädikative Adverbien bezeichnen

206

- einen **Zustand in der Natur**, z. B.:

  хо́лодно — (es ist) kalt, светло́ — (es ist) hell, темно́ — (es ist) dunkel;

- den **Zustand eines Menschen**, z. B.:

  ве́село — (ist) froh zumute, (es) macht Spaß, жаль — (es ist) schade, bedauerlich, ску́чно (*sprich:* ску́[ш]но) — (es ist) langweilig, сты́дно (es ist) peinlich, eine Schande;

- die **Möglichkeit**, Unmöglichkeit **oder Notwendigkeit** einer (im Infinitiv genannten) Handlung, z. B.:

мо́жно *mit Infinitiv*	— man kann; man darf,
нельзя́ *mit v. Infinitiv*	— man kann nicht (es ist unmöglich),
нельзя́ *mit uv. Infinitiv*	— man darf nicht, man soll nicht;
на́до, ну́жно *mit Infinitiv*	— es ist nötig, man muss, man soll,
не на́до *mit uv. Infinitiv*	— man braucht nicht.

Satzbeispiele

Zum Bau der Sätze mit einem prädikativen Adverb ↗ **249/250**

На у́лице уже́ светло́.	— Draußen ist es schon hell.
В до́ме ста́ло ти́хо.	— Im Haus wurde es still.
Мне сего́дня хорошо́.	— Ich fühle mich heute gut.
Ему́ сты́дно бы́ло созна́ться в оши́бке.	— Es war ihm peinlich, den Fehler zuzugeben.
Здесь мо́жно кури́ть?	— Darf man (Darf ich) hier rauchen?
Здесь нельзя́ кури́ть (*uv.!*).	— Hier darf man nicht rauchen.
Э́ту зада́чу мо́жно бы́стро реши́ть.	— Diese Aufgabe kann man schnell lösen.
Э́ту зада́чу нельзя́ реши́ть (*v.!*) за де́сять мину́т.	— Diese Aufgabe kann man nicht in zehn Minuten lösen.
Мне на́до (oder: ну́жно) поговори́ть с тобо́й.	— Ich muss mit dir reden.
Не на́до (oder: не ну́жно) спеши́ть.	— Man braucht sich nicht (Wir brauchen uns nicht) zu beeilen.

Die Präposition

Präpositionen (oder Verhältniswörter) sind unveränderliche Wörter.
Die wichtigsten Präpositionen bestehen aus *einem* Wort. Es gibt aber auch *mehrgliedrige* Präpositionen, die aus zwei oder sogar drei Wörtern bestehen.

Eine Präposition bindet ein *Substantiv* (oder ein Pronomen) *in einem bestimmten Fall* an sich: Die Präposition regiert einen bestimmten Fall, z. B.
Die Präposition к — *(hin) zu* regiert den Dativ, kurz: к *mit Dat.*

Die meisten Präpositionen regieren *nur einen Fall*. Einzelne Präpositionen regieren jedoch — abhängig von ihrer Bedeutung — zwei oder sogar drei Fälle (↗ 207).

Eine Präposition drückt eine *Beziehung* dieses Substantivs *zu einem anderen Wort* in der Wortgruppe oder im Satz aus, meist zu einem Verb oder zu einem Substantiv.

Die *Beziehungen*, die durch Präpositionen ausgedrückt werden, können *vielfältig* sein:
Oft sind es Beziehungen des Ortes, der Zeit, der Art und Weise, des Grundes, des Zwecks; es können aber auch Beziehungen eines Objekts oder eines Attributs sein.
Vgl. z. B.:

Где живёт Та́ня? — (Она́ живёт) в Москве́.	*Beziehung des Ortes*
Куда́ е́дет Свен? — (Он е́дет) в Москву́.	*Beziehung des Ortes*
О чём говори́т Штéфани? — (Она́ говори́т) о пое́здке в Москву́.	*Beziehung eines Objekts*
Како́й э́то по́езд? — (Э́то) по́езд из Москвы́.	*Beziehung eines Attributs*

Die Rektion der Präpositionen im Überblick

	Präpositionen mit einem Fall	... zwei Fällen				... drei Fällen		207
Gen.	без, вме́сто, вокру́г, для, до, из, из-за, кро́ме, ми́мо, о́коло, от, по́сле, про́тив, ра́ди, среди́, у						с	
Dat.	благодаря́, к, навстре́чу					по		
Akk.	спустя́, че́рез	в на о за под				по	с	
Instr.	ме́жду, над, перед	за под					с	
Präp.	при	в на о				по		

- Den Präpositionen **без, в, из, к, над, от, перед, под, с** wird mitunter ein **-о** angefügt, wenn das folgende Wort mit zwei oder mehreren Konsonanten beginnt:
  во <u>вс</u>ём ми́ре — in der ganzen Welt, изо <u>вс</u>ей си́лы — mit ganzer Kraft.

- Beginnt das folgende Wort mit einem Vokal, so wird die Präposition **о** zu **об**:
  говори́ть об <u>и</u>ску́сстве — über Kunst reden.
  Merke: обо мне — von mir, обо всём — von allem.

Der Gebrauch der Präpositionen

In der alphabetisch angeordneten Liste werden aufgeführt: **208**
- die *Präposition* (gegebenenfalls mit ihrer Schreibvariante) und der von ihr regierte *Fall*,
- *Wiedergabemöglichkeiten im Deutschen*,
- Beispiele für den *Gebrauch* der Präposition.

Mitunter ist der Präposition oder einer ihrer Bedeutungen ein *Gegenwort*, d. h. ein Wort gegensätzlicher Bedeutung, hinzugefügt (nach |). Auch das Gegenwort kann in der Liste nachgeschlagen werden.

без (безо) *mit Gen.* | *Gegenwort:* **с** *mit Instr.* — mit   **Б**
- *Ausschluss* — **ohne**
  прочита́ть *v.* / чита́ть текст без словаря́, пить чай без са́хара
- *Zeit*
  без пяти́ мину́т двена́дцать — fünf Minuten vor zwölf (↗ **298**)

благодаря́ *mit Dat.*
- *positiv bewerteter Grund* — **dank, durch, infolge** | *vgl.* **из-за** *mit Gen.* — wegen, infolge
  спра́виться *v.* / справля́ться благодаря́ по́мощи друзе́й (благодаря́ ему́)

в (во) *mit Akk.*   **В**
- *Ort*: wohin? — **in** (... **hinein**), *bei Ortsnamen* **nach** | *Gegenwort:* **из** *mit Gen.* — aus (... heraus)
  войти́ *v.* / входи́ть в авто́бус, е́хать в Москву́
- *Zeit*: wann? — **um** ... *Uhr*, **an** *einem Tag*
  в шесть часо́в (↗ **298**), во вто́рник (↗ **295**)

в (во) *mit Präp.*

- *Ort*: *wo?* — **in**
  сиде́ть в авто́бусе, жить в Москве́
- *Zeit*: *wann?* — **in** *einem Monat, Jahr, Jahrhundert*
  в а́вгусте (⬈ **295**), в 2010 году́ (⬈ **299**), в XXI ве́ке (⬈ **295**)
- *Kleidung* — **in** (*etwas anhaben*)
  ходи́ть в джи́нсах,
  быть в но́вом пла́тье —
  ein neues Kleid anhaben

вме́сто *mit Gen.*

- **statt, anstelle von**
  Я могу́ сде́лать э́то вме́сто тебя́.

вокру́г *mit Gen.*

- **um (… herum), rings um**
  сиде́ть вокру́г стола́; Вокру́г до́ма большо́й сад.

Д **для** *mit Gen.*

- *bestimmt* **für**
  купи́ть *v.* / покупа́ть пода́рок для подру́ги, уче́бник для студе́нтов
- *Verhältnis* — **für**
  Э́то сли́шком до́рого для меня́.
- *Zweck* — **für, im Interesse von**
  Для чего́ э́то тебе́ ну́жно? — Wozu brauchst du das?

до *mit Gen.*

- *Ort*: *bis wohin?* — **bis (zu)** | *Gegenwort*: **от** *mit Gen.* — von (… weg)
  плыть до бе́рега; До вокза́ла недалеко́.
- *Zeit*: *wie lange?* — **bis (zu)** | *Gegenwort*: **с** *mit Gen.* — von … an, seit
  спать до девяти́ часо́в — bis 9 Uhr schlafen
- *Zeit*: *wann?* — **vor** | *Gegenwort*: **по́сле** *mit Gen.* — nach
  встре́титься *v.* / встреча́ться до обе́да

З **за** *mit Akk.*

- *Ort*: *wohin?* — **hinter; an**
  сесть *v.* / сади́ться за стол; е́хать за́ город — aufs Land, ins Grüne fahren
- *Zeit* — **innerhalb von, in**
  прочита́ть (*v.*) текст за 20 мину́т
- *Grund* — **für, wegen**
  Спаси́бо за письмо́.
- *Zweck* — **für**
  вы́ступить *v.* / выступа́ть за демокра́тию
- *Entgelt* — **für**
  купи́ть (*v.*) слова́рь за 100 е́вро

за *mit Instr.*
- *Ort*: *wo?* – **hinter; an** | *Gegenwort*: **перед** *mit Instr.* – **vor**
  стоя́ть за до́мом, сиде́ть за столо́м; жить за́ городом – außerhalb der Stadt wohnen
- *Abfolge* – **hinter, nach**
  идти́ друг за дру́гом – hintereinander gehen
- *Zweck* – **nach, um … zu holen**
  идти́: ходи́ть (↗ 47) в магази́н за хле́бом; Я зайду́ за тобо́й. – Ich hole dich ab.

из (изо) *mit Gen.*
- *Ort*: *woher?* – **aus (… heraus)** | *Gegenwort*: **в** *mit Akk.* – **in (… hinein)**
  вы́йти *v.* / выходи́ть из авто́буса
- *Herkunft* – **aus**
  по́езд из Москвы́, чай из Гру́зии
- *aus einer Gesamtheit* – **von**
  мно́гие из нас

из-за *mit Gen.*
- *Ort* – **hinter … hervor, von**
  вы́йти *v.* / выходи́ть из-за до́ма, встать *v.* / встава́ть из-за стола́
- *negativ bewerteter Grund* – **wegen, infolge** | *vgl.* **благодаря́** *mit Dat.* – **dank, infolge**
  верну́ться *v.* / возвраща́ться домо́й из-за дождя́

к (ко) *mit Dat.*
- *Ort*: *wohin?* – **(hin) zu** | *Gegenwort*: **от** *mit Gen.* – **von (… weg)**
  пойти́ *v.* / идти́ к до́му, позва́ть *v.* / звать бра́та к телефо́ну
- *Zweck* – **zu**
  пода́рок ко дню рожде́ния
- *Zeit*: *wann?* – **gegen**
  прийти́ *v.* / приходи́ть к шести́ часа́м – gegen 6 Uhr kommen

кро́ме *mit Gen.* (*mit seinem Substantiv vom übrigen Satz durch Komma getrennt*)
- *Ausschluss* – **außer, ausgenommen**
  Музе́й рабо́тает ка́ждый день, кро́ме вто́рника.

ме́жду *mit Instr.*
- *Ort*: *wohin? und wo?* – **zwischen**
  сиде́ть ме́жду бра́том и сестро́й
- *Zeit* – **zwischen**
  Я бу́ду до́ма ме́жду пятью́ и шестью́ часа́ми. – … zwischen 5 und 6 Uhr.

ми́мо *mit Gen.*
- **an … vorbei, vorüber; neben**
  Ми́мо нас прошла́ гру́ппа студе́нтов.

Н | **на** *mit Akk.*

- *Ort*: wohin? — **auf, an; zu, in** | *Gegenwort*: **с** *mit Gen.* — von (... herunter)

  поста́вить *v.*/ста́вить кни́ги на по́лку, пойти́ *v.*/идти́ на рабо́ту, посмотре́ть *v.*/смотре́ть на часы́;

  идти́: ходи́ть (↗ **47**) на вы́ставку, подня́ться *v.*/поднима́ться на тре́тий эта́ж
- *Zeit* — **für** *einen Zeitraum*; **an** *einem Zeitpunkt*

  уе́хать *v.*/уезжа́ть на ме́сяц (на неде́лю); на сле́дующий день
- *Zweck* — **für; in**

  биле́т на спекта́кль, перевести́ *v.*/переводи́ть текст с неме́цкого языка́ на ру́сский язы́к
- *quantitativer Unterschied* — **(um)**

  опозда́ть *v.*/опа́здывать на де́сять мину́т; Сестра́ на два го́да моло́же меня́.

на *mit Präp.*

- *Ort*: wo? — **auf, an; in**

  лежа́ть на столе́, висе́ть на стене́; быть на вы́ставке, жить на тре́тьем этаже́
- *Zeit*: wann? — **in** *einer Woche*

  на э́той (на про́шлой) неде́ле
- *Art und Weise*: wie? — **mit** *einem Verkehrsmittel*

  е́хать на по́езде, лете́ть на самолёте

навстре́чу *mit Dat.*

- *zueinander* — **entgegen**

  Навстре́чу нам (навстре́чу ему́) шла де́вочка.

над (надо) *mit Instr.*

- *Ort*: wohin? und wo? — **über** | *Gegenwort*: **под** *mit Akk. und Instr.* — unter

  лете́ть над го́родом; Над на́ми свети́ло со́лнце.

напро́тив *mit Gen.*

- **gegenüber**

  Остано́вка авто́буса нахо́дится напро́тив на́шего до́ма.

О | **о (об, обо)** *mit Akk.*

- *Ort* — **gegen, an**

  Мяч уда́рился о шта́нгу. — Der Ball prallte gegen den Pfosten.

о (об, обо) *mit Präp.*

- *geistige Tätigkeit* — **über, von**

  говори́ть о фи́льме, ду́мать о дру́ге; кни́га о жи́вописи

о́коло *mit Gen.*

- *Ort* — **neben, an, bei**

  Мы встре́тимся о́коло теа́тра. Сядь о́коло меня́.
- *Maß* — **etwa, ungefähr**

  подожда́ть *v.*/ждать о́коло ча́са, пройти́ *v.*/проходи́ть о́коло пяти́ киломе́тров
- *Zeit* — **gegen**

  верну́ться *v.*/возвраща́ться о́коло ча́са — gegen ein Uhr zurückkommen

от (ото) *mit Gen.*

- **Ort**: *woher?* – **von (… weg)** | *Gegenwörter*: **к** *mit Dat.* – (hin) zu, **до** *mit Gen.* – bis (zu)
  отплы́ть *v.* / отплыва́ть от бе́рега, жить недалеко́ от це́нтра; пойти́ *v.* / идти́ от
  остано́вки авто́буса до метро́
- **Zeit**: *seit wann?* – **von (… an)**
  В гру́ппу принима́ются де́ти в во́зрасте от четырёх до десяти́ лет.
- **Herkunft** – **von**
  получи́ть (*v.*) письмо́ от Ни́ны, пода́рок от роди́телей
- **Zweck** – **gegen**
  лека́рство от гри́ппа

перед (передо) *mit Instr.*   **П**

- **Ort**: *wohin? und wo?* – **vor** | *Gegenwort*: **за** *mit Akk. und Instr.* – hinter; an
  поста́вить *v.* / ста́вить кре́сло пе́ред телеви́зором, стоя́ть пе́ред до́мом
- **Zeit**: *wann?* – **(unmittelbar) vor** | *Gegenwort*: **по́сле** *mit Gen.* – nach
  убра́ть *v.* / убира́ть ко́мнату перед у́жином

по *mit Dat.*

- **Ort** – **entlang, auf** *einer Oberfläche*; **durch, in** *einem Raum* **(umher)**
  идти́ по у́лице, плыть по реке́; ходи́ть по магази́нам
- **Art und Weise**: *wie?* – **nach, entsprechend; mit, in**
  оде́ться *v.* / одева́ться по мо́де; посмотре́ть *v.* / смотре́ть фильм по телеви́зору
- **Merkmal** – **in, für**
  заня́тия по хи́мии – Chemieunterricht, уче́бник по исто́рии
- **Zeit** (*mit Dat. Plur.!*) – **(wiederholt) an** *Tagen* | *vgl.* **в** *mit Akk.* – an einem Tag
  Музе́й не рабо́тает по вто́рникам. – … ist dienstags nicht geöffnet.

по *mit Akk.*

- **Zeit**: *wie lange?* – **bis (einschließlich)** | *vgl.* **до** *mit Gen.* – bis (zu)
  жить в гости́нице с пе́рвого по пя́тое ма́я (с понеде́льника по пя́тницу)

по *mit Präp.*

- **Zeit**: *wann?* – **nach**
  по оконча́нии шко́лы, сра́зу же по прие́зде

под (подо) *mit Akk.*

- **Ort**: *wohin?* – **unter**; *bei Ortsnamen* **in die Nähe von** | *Gegenwort*: **над** *mit Instr.* – über
  встать *v.* / встава́ть под де́рево; перее́хать *v.* / переезжа́ть под Москву́
- **Zeit**: *wann?* – **(unmittelbar) vor; gegen, an**
  ночь под Но́вый год; Под ве́чер пошёл снег.
- **Begleitumstände** – **zu, bei**
  спеть *v.* / петь под гита́ру, станцева́ть *v.* / танцева́ть под му́зыку

под (подо) *mit Instr.*

- **Ort**: *wo?* – **unter**; *bei Ortsnamen* **in der Nähe von** | *Gegenwort*: **над** *mit Instr.* – über
  стоя́ть под де́ревом; жить под Москво́й
- **Abhängigkeit** – **unter**
  находи́ться под влия́нием бра́та

после *mit Gen.*
- *Zeit* – **nach** | *Gegenwörter:* **до** *mit Gen.*, **перед** *mit Instr.* – vor
  встре́титься *v.* / встреча́ться по́сле обе́да (по́сле рабо́ты)

при *mit Präp.*
- *Zugehörigkeit* – **(unmittelbar) bei, an**
  сад при до́ме; При заво́де есть столо́вая. – Der Betrieb hat eine Kantine.
- **in Anwesenheit von, im Beisein von, vor**
  сказа́ть *v.* / говори́ть при всех
- **in der Zeit von, unter**
  при Петре́ Пе́рвом

про́тив *mit Gen.*
- *Zweck* – **gegen** | *Gegenwort:* **за** *mit Akk.* – für
  вы́ступить *v.* / выступа́ть про́тив войны́
- *Ort* – **gegenüber**
  поста́вить *v.* / ста́вить стол про́тив окна́

Р **ра́ди** *mit Gen.*
- *Zweck* – **wegen, um … willen**
  Я прие́хал(-а) ра́ди него́. – Ich bin seinetwegen gekommen.

С **с (со)** *mit Gen.*
- *Ort: woher?* – **von (… herunter); von, aus** | *Gegenwort:* **на** *mit Akk.* – auf, an
  взять *v.* / брать кни́ги с по́лки, прийти́ *v.* / приходи́ть с рабо́ты, посмотре́ть *v.* / смотре́ть с балко́на
- *Zeit* – **von … an, seit** | *Gegenwort:* **до** *mit Gen.* – bis (zu)
  интересова́ться му́зыкой с де́тства; Магази́н рабо́тает с восьми́ часо́в.
  Со среды́ до пя́тницы, с утра́ до ве́чера
- *Ursprung* – **von**
  перевести́ *v.* / переводи́ть текст с ру́сского языка́ на неме́цкий язы́к

с (со) *mit Instr.* | *Gegenwort:* **без** *mit Gen.* – ohne
- *Gemeinsamkeit* – **(zusammen) mit**
  разгова́ривать с друзья́ми, пойти́ *v.* / идти́ в теа́тр с подру́гой
- *Merkmal* – **mit**
  кварти́ра с балко́ном, пить чай с са́харом
- *Art und Weise: wie?* – **mit**
  посмотре́ть *v.* / смотре́ть переда́чу с интере́сом, прочита́ть *v.* / чита́ть текст со словарём

с (со) *mit Akk.*
- *Maß* – **etwa, ungefähr**
  прое́хать *v.* / проезжа́ть с киломе́тр, подожда́ть *v.* / ждать с мину́ту

спустя́ *mit Akk.*
- *Zeit* – **nach (Ablauf von), … später**
  Ме́сяц спустя́ они́ верну́лись на ро́дину.

среди́ *mit Gen.*
- *Ort* – **mitten in (auf, durch), inmitten**

  стоя́ть среди́ ко́мнаты; Среди́ о́зера есть небольшо́й о́стров.
- *Zeit* – **mitten in**

  встать *v.* / встава́ть среди́ но́чи
- *Gemeinsamkeit* (*mit Gen. Plur.!*) – **(mitten) unter**

  Среди́ студе́нтов мно́го спортсме́нов.

у *mit Gen.*
- *Ort*: *wo?* – **(unmittelbar) an, neben**

  стоя́ть у окна́, ждать у вхо́да в метро́, отдохну́ть *v.* / отдыха́ть у мо́ря
- *Gemeinsamkeit mit Personen* – **bei**

  жить у роди́телей, учи́ться у ма́стера, быть у врача́
- *Besitz oder Zugehörigkeit* – **jemand hat(te) …, wird … haben** (↗ 283)

  У тебя́ есть э́та кни́га? У Ка́ти краси́вые во́лосы. Ско́ро у нас бу́дут кани́кулы.

У

че́рез *mit Akk.*
- *Ort* – **über, durch**

  перейти́ *v.* / переходи́ть че́рез у́лицу, посмотре́ть *v.* / смотре́ть че́рез окно́ автобуса
- *Zeit* – **in, nach (Ablauf von)**

  Во́ва прие́дет че́рез час. Брат верну́лся че́рез три дня.

  Выходи́те че́рез одну́ остано́вку. – Steigen Sie an der übernächsten Haltestelle aus.

Ч

В oder на?

209

Beachte den vom Deutschen abweichenden Gebrauch der Präpositionen в und на:

(жить)	**на** ро́дине – in der Heimat, **в** дере́вне – auf dem Lande, **на** се́вере – im Norden, **на** Ура́ле – im Ural, **на** у́лице Пу́шкина – in der Puschkinstraße,
(рабо́тать)	**на** заво́де, **на** предприя́тии – im Betrieb, **на** фа́брике – in der Fabrik
(учи́ться)	**в** институ́те – am Institut, **в** университе́те – an der Universität
(отдыха́ть)	**на** мо́ре – am Meer, **на** берегу́ о́зера – am See
(быть)	**на** вы́ставке – in der Ausstellung, **на** конце́рте – im Konzert, **на** стадио́не – im Stadion.

Beispiele für mehrgliedrige Präpositionen

210

далеко́ от *mit Gen.* – **weit entfernt von**	жить далеко́ от Москвы́
недалеко́ от *mit Gen.* – **unweit von**	жить недалеко́ от вокза́ла
во вре́мя *mit Gen.* – *Zeit*: **während**	во вре́мя кани́кул
в тече́ние *mit Gen.* – **im Verlauf von**	в тече́ние неде́ли – im Laufe der Woche
вме́сте с *mit Instr.* – **zusammen mit**	Он был в теа́тре вме́сте со свои́ми друзья́ми.
ря́дом с *mit Instr.* – *Ort*: **neben**	Остано́вка автобуса ря́дом с гости́ницей.
в связи́ с *mit Instr.* – **im Zusammenhang mit**	в связи́ с э́тим – im Zusammenhang damit

Die Konjunktion

Konjunktionen (oder Bindewörter) sind unveränderliche Wörter.

Eine Konjunktion **verbindet Wörter, Wortgruppen oder Teilsätze**, mitunter auch selbstständige Sätze miteinander. Dabei drückt sie eine bestimmte Beziehung zwischen ihnen aus.

Die Partikel

Auch Partikeln sind unveränderliche Wörter.

Eine Partikel **wandelt die Bedeutung** eines Wortes, einer Wortgruppe oder eines Satzes **ab**. Mit ihr kann man einer Äußerung zustimmen oder sie ablehnen, sie verstärken oder einschränken, auf eine Äußerung hinweisen oder sie in Frage stellen.

Solche Partikeln sind beispielsweise **да** — *ja*, **нет** — *nein*, **да́же** — *sogar*, **то́лько** — *nur*.

Die Konjunktionen im Überblick

Man unterscheidet – wie im Deutschen – **211**

- *nebenordnende* (oder koordinierende) ***Konjunktionen***: Sie verbinden gleichrangige Teile (z. B. zwei Wörter, zwei Wortgruppen oder die beiden Teile einer Satzverbindung) miteinander, z. B.:

Ка́тя и Ма́йя; Ка́тя и́ли Ма́йя	– Katja und Maja; Katja oder Maja
ни Ка́тя, ни Ма́йя	– weder Katja noch Maja
моя́ сестра́ и её знако́мый	– meine Schwester und ihr Bekannter
Пого́да была́ хоро́шая, и мы реши́ли поéхать за́ город.	– Das Wetter war gut, und wir beschlossen, ins Grüne zu fahren.

- *unterordnende* (oder subordinierende) ***Konjunktionen***: Sie leiten in einem Satzgefüge Nebensätze ein, z. B.:

Я не зна́ю, когда́ Во́ва прие́дет.	– Ich weiß nicht, wann Wowa kommt.
Он не звони́л, потому́ что был о́чень за́нят.	– Er hat nicht angerufen, weil er sehr viel zu tun hatte.

Nebenordnende Konjunktionen **212**

и	– und	и ... и	– sowohl ... als auch	ни ... ни	– weder ... noch
а	– und, aber	не ..., а	– nicht ..., sondern		
но	– aber, jedoch	не то́лько ..., но и	– nicht nur ..., sondern auch		
и́ли	– oder	и́ли ... и́ли	– entweder ... oder		

И, а oder но? **213**

и	*aufzählend*	– ***und*** (*im Sinne von:* ***und auch***)	
а	*vergleichend*	– ***und, aber*** (*im Sinne von:* ***während***)	
но	*einen Gegensatz hervorhebend*	– ***aber, jedoch*** (*im Sinne von:* ***dagegen***)	

Мы разгова́ривали и танцева́ли.	– Wir unterhielten uns und tanzten.
Мы разгова́ривали, а они́ танцева́ли.	– Wir unterhielten uns, und (aber) sie tanzten.
Мы жда́ли Ка́тю весь ве́чер, но она́ не пришла́.	– Wir warteten auf Katja den ganzen Abend, aber sie kam nicht.

214 | **Unterordnende Konjunktionen**

Beispiele:

In Objektsätzen:	**что**; **чтобы** — dass	↗ **262**

In Adverbialsätzen
- *der Art und Weise*:   **как** — (so) wie; **как бу́дто** — als ob, als wenn
- *der Zeit*:   **когда́** — als, während; als, nachdem

           в то вре́мя как — als, während;

           по́сле того́ как — als, nachdem;

           до того́ как — bevor; **пока́ не** — (so lange) bis   ↗ **263**
- *des Grundes*:   **потому́ что** (*steht nicht am Satzanfang*) — weil;

           та́к как (*kann am Satzanfang stehen*) — weil   ↗ **264**
- *des Zwecks*:   **(для того́) чтобы** — damit, um zu *mit Infinitiv*   ↗ **265**
- *der Bedingung*:   **е́сли**; **когда́** — wenn, falls; **е́сли бы** — wenn *mit Konjunktiv*   ↗ **266**
- *der Einräumung*:   **хотя́** — obwohl, wenn auch   ↗ **267**

---

215 | **Что oder чтобы?**

- In einem ***Objektsatz*** steht

что	*mit Prädikat im Indikativ*	— ***dass*** (*Inhalt der Äußerung als Tatsache genannt*)
чтобы	*mit Prädikat im Konjunktiv*	— ***dass*** (*Inhalt der Äußerung erwünscht, gefordert, nach Verben wie* хоте́ть *u. a.,* ↗ **73**)

Я <u>зна́ю</u>, что Ко́ля хоро́ший друг.	— Ich weiß, dass Kolja ein guter Freund ist.
Я <u>рад(-а)</u>, что он пришёл.	— Ich bin froh, dass er gekommen ist.
Я <u>хочу́</u>, чтобы Ни́на мне помогла́.	— Ich möchte, dass Nina mir hilft.

- In einem ***Adverbialsatz des Zwecks*** steht

чтобы	*mit Prädikat im Konjunktiv* oder *im Infinitiv*	— ***damit*** oder ***um zu*** *mit Infinitiv*.

Я <u>вы́ключил</u>(-а) ра́дио, чтобы му́зыка нам <u>не меша́ла</u>.	— Ich stellte das Radio ab, damit uns die Musik nicht stören konnte.
Мы пришли́, чтобы <u>попроща́ться</u>.	— Wir sind gekommen, um uns zu verabschieden.

Die Partikeln im Überblick

Bejahende Partikeln

216

да — ja *als satzwertige Antwort*

Хоти́те ча́ю? — Да, с удово́льствием.   — Möchten Sie Tee? — Ja, gerne.

коне́чно (*sprich:* коне́[ш]но) — natürlich, gewiss, selbstverständlich

Вы говори́те по-англи́йски? — Коне́чно.   — Sprechen Sie Englisch? — Natürlich.

ла́дно *umgangsspr.* — gut, einverstanden, abgemacht

Ты мне позвони́шь? — Ла́дно.   — Rufst du mich an? — Einverstanden.

Verneinende Partikeln

217

нет — nein *als satzwertige Antwort*

Серёжа прие́дет сего́дня? — Нет, за́втра.   — Kommt Serjosha heute (an)? — Nein, morgen.

не *vor dem verneinten Satzteil* — nicht

Wird die im Satz enthaltene ***Aussage als Ganzes verneint***, so steht не — im Unterschied zum Deutschen — vor dem Prädikat:

Серге́й не пришёл.   — Sergej ist nicht gekommen.

Он не уме́ет говори́ть по-неме́цки.   — Er kann kein Deutsch.

Wird ***nur ein Teil der Aussage verneint***, so steht не — wie auch im Deutschen — unmittelbar vor dem verneinten Wort:

Пришёл не Серге́й, а Во́ва.   — Gekommen ist nicht Sergej, sondern Wowa.

Серге́й прие́дет не сего́дня, а за́втра.   — Sergej kommt nicht heute, sondern morgen.

Durch eine ***doppelte Verneinung*** wird eine nachdrückliche ***Bejahung*** ausgedrückt:

Ка́тя не могла́ не улыбну́ться.   — Katja musste lächeln.

Die durch Negativpronomen (↗ **195**) und Negativadverbien (↗ **201**) ausgedrückte ***Verneinung*** wird stets durch не (oder нет, нельзя́) **verstärkt**:

Никто́ не пришёл.   — Es ist niemand gekommen.

Мы никуда́ не е́дем.   — Wir fahren nirgendwohin.

ни *vor einem Substantiv* — kein

In einem (z. B. durch не, нет, нельзя́) verneinten Satz **verstärkt** ни oder ни оди́н ***die Verneinung***:

Мой друг не сказа́л ни сло́ва.   — Mein Freund sagte kein Wort.

В ко́мнате нет ни одно́й карти́ны.   — In dem Zimmer gibt es kein einziges Bild.

Нам нельзя́ теря́ть ни мину́ты.   — Wir dürfen keine Minute verlieren.

Verneint-unpersönliche Sätze mit нет ↗ **251**

218 Verstärkende Partikeln

ведь — doch, ja

Вы ведь бы́ли на конце́рте? — Ihr wart doch im Konzert?

Ведь э́то бы́ло давно́. — Das ist doch längst vorbei!

да́же — sogar

На ю́ге да́же зимо́й тепло́. — Im Süden ist es sogar im Winter warm.

Ни́на тебе́ понра́вилась? — О́чень да́же. — Hat dir Nina gefallen? — Sehr sogar.

же *nachgestellt* — doch, denn, ja

Вы же знако́мы с господи́ном Серо́вым? — Sie kennen doch Herrn Serow?

и́менно — gerade, eben, genau

Я хоте́л(-а) бы поговори́ть и́менно с тобо́й. — Ich möchte gerade mit dir sprechen.

219 Einschränkende Partikeln

лишь — lediglich, bloß, nur

Шу́ра сказа́л об э́том лишь мне. — Schura hat darüber bloß mit mir gesprochen.

то́лько — nur, bloß, allein; erst

Бо́ре то́лько семна́дцать лет. — Borja ist erst 17 (Jahre alt).

всего́ — insgesamt, gerade mal

До отправле́ния по́езда оста́лось всего́ 10 мину́т. — Bis zur Abfahrt des Zuges haben wir nur noch 10 Minuten.

220 Hinweisende Partikeln

вон *Hinweis auf Fernerliegendes* — da, dort (ist *oder* sind)

Вон наш дом. — Dort ist unser Haus.

Вон туда́ (нам) на́до идти́. — Dorthin müssen wir gehen.

вот *Hinweis auf Näherliegendes* — da, hier (ist *oder* sind)

Вот на́ши биле́ты. — Hier sind unsere Fahrkarten.

Вот идёт наш авто́бус. — Hier kommt unser Bus.

221 Fragepartikeln

ли *in Entscheidungsfragen (↗ 226), hinter dem nachdrücklich erfragten Satzglied — wird gewöhnlich nicht übersetzt*

<u>Придёшь</u> ли ты за́втра? — Kommst du morgen?

<u>По́мнит</u> ли Та́ня меня́? — Kann sich Tanja (denn) an mich erinnern?

Durch не ... ли oder нет ли drückt man aus, dass man eine positive Antwort erwartet.

<u>Не звони́л</u> ли тебе́ Вале́рий? — Hat dich Waleri (denn) nicht angerufen?

неуже́ли — wirklich?, tatsächlich?

Неуже́ли Серге́й не прие́дет? — Kommt Sergej wirklich nicht?

ра́зве — denn?, etwa?

Ра́зве ты не зна́ешь, что он уе́хал? — Weißt du denn nicht, dass er abgereist ist?

Die Sätze

Ein *Satz* drückt eine selbstständige und in sich geschlossene Äußerung eines Sprechers oder Schreibers, einer Sprecherin oder Schreiberin aus.

Jeder Satz hat einen bestimmten *grammatischen Bau* (↗ **238**: Baupläne der Sätze).
Für ihn ist in mündlicher Rede eine bestimmte *Stimmführung* (Intonation) typisch.
In schriftlicher Rede wird der Satz durch *Satzzeichen* gegliedert.

Gewöhnlich ist ein Satz Bestandteil einer größeren Einheit, eines mündlichen oder schriftlichen *Textes*.

Die Satzarten

222 Nach der *Mitteilungsabsicht*, die ein Sprecher oder Schreiber mit seiner Äußerung verfolgt, unterscheidet man Aussage-, Aufforderungs- und Fragesätze.

223 ## Aussagesätze

In einem Aussagesatz wird ein Sachverhalt mitgeteilt.

Die *Stimmführung* (oder Intonation) im russischen und im deutschen Aussagesatz ist gleich: Tonsenkung auf der Silbe, die den Hauptakzent des Satzes trägt.

Вóва дóма. Он рабóтает с компьютером.   — Wowa ist zu Hause. Er arbeitet am Computer.

224 ## Aufforderungssätze

In einem Aufforderungssatz verlangt der Sprecher oder Schreiber (oft von seinem Gesprächspartner), eine bestimmte Handlung auszuführen.
Eine Aufforderung kann ein Befehl oder ein Auftrag sein; sie kann aber auch in die Form einer Bitte, eines Ratschlages oder Wunsches gekleidet sein.
Charakteristische sprachliche Mittel von Aufforderungssätzen sind *Prädikate im Imperativ* (↗ 75–77) oder – zum Ausdruck von Bitten oder Wünschen – *im Konjunktiv* (↗ 72).

Die *Stimmführung* im Aufforderungssatz ist oft die gleiche wie im Aussagesatz:
Tonsenkung auf der Silbe, die den Hauptakzent des Satzes trägt.

Идú сюдá. Закрóй за собóй дверь.   — Komm hierher. Mach hinter dir die Tür zu.

Bitten und Wünsche werden jedoch auch durch folgende Stimmführung ausgedrückt:
Starker Tonanstieg auf der Silbe mit dem Hauptakzent, danach niedere Tonlage.

Помогúте нам, пожáлуйста.   — Helft uns bitte.

Am Ende von Aufforderungssätzen wird gewöhnlich ein *Punkt* gesetzt. Nur nachdrückliche Aufforderungen werden durch ein Ausrufezeichen gekennzeichnet.

Fragesätze

225

In einem Fragesatz wird ein Sachverhalt in Frage gestellt, und zwar
* als Ganzes: Eine derartige *Entscheidungsfrage* fordert als Antwort Да oder Нет;
* nur unter einem bestimmten Gesichtspunkt: Eine derartige *Ergänzungsfrage* wird durch ein Fragewort eingeleitet. Sie fordert als Antwort eine Ergänzung, die dem Fragewort entspricht.

Indirekte Fragesätze ↗ 269/270

Entscheidungsfragen

226

Entscheidungsfragen weisen gewöhnlich folgende *Stimmführung* auf:
Starker Tonanstieg auf der Silbe mit dem Hauptakzent, danach niedere Tonlage.

Во́ва до́ма? Он рабо́тает? Ему́ помо́чь? — Ist Wowa zu Hause? Arbeitet er? Kann man ihm helfen?

Beachte die unterschiedliche Stimmführung im Aussagesatz und in der Entscheidungsfrage:

Брат Ли́ды — инжене́р. Брат Ли́ды инжене́р? — Lidas Bruder ist Ingenieur. Ist Lidas Bruder Ingenieur?

In Entscheidungsfragen kann das Wort an die Spitze des Satzes gestellt werden, das den fraglichen Sachverhalt bezeichnet und den Hauptakzent des Satzes trägt:

Весёлый он па́рень? — Ist er ein fröhlicher (lustiger) Bursche?
Твоя́ э́то су́мка? — Ist das deine Tasche?

Dem an die Spitze gestellten Wort kann die Fragepartikel ли (↗ 221) unmittelbar folgen. Dadurch wird die Frage verstärkt:

Весёлый ли он челове́к? — Ist er ein fröhlicher Mensch?
Твоя́ ли э́то су́мка? — Ist das deine Tasche?

Durch Fragesätze können auch Aufforderungen und Wünsche ausgedrückt werden, z. B.:
Вы не мо́жете нам помо́чь? — Können Sie uns bitte helfen?

Ergänzungsfragen

227

Ergänzungsfragen (oder Fragewortfragen) werden durch Fragewörter eingeleitet:
durch Frageadverbien (↗ 196–201) oder durch Fragepronomen (↗ 175–179).
Diese Fragen weisen die gleiche Stimmführung wie im Aussagesatz auf:
Tonsenkung auf der Silbe, die den Hauptakzent des Satzes trägt.

Где Во́ва? Когда́ он звони́л? Кото́рый час? — Wo ist Wowa? Wann hat er angerufen? Wie spät ist es?

Einfache Sätze

228 | Zweigliedrige und eingliedrige Sätze

> Nach dem Bau des prädikativen Zentrums eines Satzes unterscheidet man im Russischen
> *zweigliedrige Sätze*: Ihr prädikatives Zentrum besteht aus den beiden Satzgliedern
> *Subjekt* und *Prädikat*;
> *eingliedrige Sätze*: Ihr prädikatives Zentrum besteht *nur* aus dem *Prädikat*
> — diese Sätze sind subjektlos, ohne unvollständig zu sein.
>
> Beachte, dass *deutsche Sätze* in der Regel *zweigliedrig* sind, das heißt Subjekt und Prädikat
> enthalten.

Beispiele für zweigliedrige Sätze

<u>Та́ня</u> у́чится в моско́вской шко́ле.	— Tanja geht in eine Moskauer Schule.
<u>Она́</u> хо́чет стать врачо́м.	— Sie will Ärztin werden.
Поэ́тому <u>она́</u> собира́ется поступа́ть в медици́нский институ́т.	— Daher bereitet sie sich darauf vor, an eine medizinische Hochschule zu gehen.

Beispiele für eingliedrige Sätze

Зима́. На дворе́ хо́лодно.	— Es ist Winter. Draußen ist es kalt.
Воло́де (*Dat.*) хо́чется пое́хать в го́ры.	— Wolodja möchte ins Gebirge fahren.
Не опозда́ть бы нам (*Dat.*) к по́езду!	— Dass wir nur nicht den Zug verpassen!

229 | Die Satzglieder

Nach der Funktion, die Teile eines Satzes innerhalb des Satzganzen erfüllen, unterscheidet man
- Satzglieder, die das prädikative Zentrum eines russischen Satzes bilden:
  das *Prädikat* und das *Subjekt* im zweigliedrigen Satz oder
  das *Prädikat* im eingliedrigen Satz,
- das *Objekt*,
- die *Adverbialbestimmung*.

Zu den Satzgliedern kann ein *Attribut* als nähere Bestimmung hinzutreten.

Beispiele für den Aufbau von Sätzen

В свобо́дное вре́мя	я	люблю́ слу́шать	му́зыку.	— In der Freizeit höre ich gern Musik.
Adverbialbestimmung der Zeit	*Subjekt*	*zusammengesetztes Prädikat*	*Akkusativobjekt*	
Где		мо́жно купи́ть	телефо́нные ка́рты?	— Wo kann man Telefonkarten kaufen?
Adverbialbestimmung des Ortes		*zusammengesetztes Prädikat im eingliedrigen Satz*	*Akkusativobjekt*	

Das Prädikat | **230**

In einem *zweigliedrigen Satz* benennt das Prädikat eine Handlung, die etwas über die im Subjekt genannte Person oder Sache aussagt.

Man unterscheidet

- das *einfache verbale Prädikat*: Es besteht gewöhnlich aus einer konjugierten Verbform.
  Зи́на чита́ет (чита́ла, бу́дет чита́ть).   — Sina liest (hat gelesen, wird lesen).

- das *zusammengesetzte verbale Prädikat*: Es besteht aus einer konjugierten Form eines *Phasenverbs* (↗ 87) oder eines *Modalverbs* (das ein Wollen, Können, Müssen oder Dürfen ausdrückt, ↗ 32) und dem Infinitiv eines Verbs (das die Grundbedeutung trägt).
  Зи́на начала́ (ко́нчила) чита́ть.   — Sina hat angefangen (aufgehört) zu lesen.
  Зи́на хо́чет (уме́ет) чита́ть.   — Sina will (kann) lesen.

- das *zusammengesetzte nominale Prädikat*: Es besteht aus einem Substantiv oder Adjektiv als *Prädikatsnomen* (zum Ausdruck der Grundbedeutung des Prädikats) und der konjugierten Form eines *Hilfsverbs* wie быть — *sein*, стать *v.* / станови́ться — *werden* (zum Ausdruck grammatischer Beziehungen).
  Ма́йя — студе́нтка (была́ студе́нткой).   — Maja ist (war) Studentin.
  Её брат — врач (стал врачо́м).   — Ihr Bruder ist Arzt (ist Arzt geworden).
  Зада́ча тру́дная (была́ тру́дная *oder* тру́дной).   — Die Aufgabe ist (war) schwierig.

Nach der konjugierten Form eines Hilfsverbs steht das Prädikatsnomen meist im Instrumental.   !

Prädikatsnomen: Substantive ↗ **241**, Adjektive ↗ **242**; Hilfsverb быть ↗ **280**

In einem *eingliedrigen Satz* benennt das Prädikat eine Handlung ohne Bezug auf ein Subjekt. | **231**

Als Prädikat ohne Subjekt können auftreten

- einige *persönliche Verbformen* (↗ auch **33**)
  (besonders 3. Person Plural des Präsens oder *v.* Futurs oder Pluralform des Präteritums):
  Про́сят не кури́ть.   — Es wird gebeten, nicht zu rauchen. Bitte nicht rauchen.

- *unpersönliche Verbformen* (↗ auch **33**)
  (nur 3. Person Singular des Präsens oder *v.* Futurs oder sächliche Form des Präteritums):
  Вечере́ет. (Вечере́ло.)   — Es wird (wurde) Abend.

- *unabhängige Infinitive*
  Как дое́хать до вокза́ла?   — Wie kommt man zum Bahnhof?

- *prädikative Adverbien*
  Сего́дня хо́лодно (бы́ло хо́лодно.)   — Heute ist es (war es) kalt.

- *Substantive im Nominativ*
  Зима́.   — Es ist Winter.

- *нет (не́ было) mit Gen.* zum Ausdruck der Verneinung
  Отца́ нет до́ма. (Отца́ не́ было до́ма.)   — Mein Vater ist (war) nicht zu Hause.

Eingliedrige Sätze ↗ **245–252**

232 | **Das Subjekt**

Das Subjekt benennt eine Person oder Sache, über die im Satz etwas ausgesagt wird.
Mögliche Fragen: кто? oder что?

Als Subjekt können im zweigliedrigen Satz vor allem auftreten
- *Substantive* und substantivische Pronomen *im Nominativ*

  Ма́льчики игра́ют в футбо́л.   — Die Jungen spielen Fußball.

  Они́ регуля́рно трениру́ются на   — Sie trainieren regelmäßig auf dem Sportplatz
  спортплоща́дке у шко́лы.   an der Schule.

  (Кто игра́ет ...? Кто трениру́ется ... ?)

- *Infinitive*

  Кури́ть вре́дно. (Что вре́дно?)   — Rauchen ist schädlich.

- *Wortgruppen* wie z. B. Grundzahlwort + Substantiv (*im Gen.*)

  Все три челове́ка пришли́. (Кто пришёл?) — Alle drei (Personen) waren gekommen.

233 | **Übereinstimmung zwischen Subjekt und Prädikat**

Eine konjugierte Verbform stimmt als Prädikat mit dem Subjekt des Satzes in Person und Zahl
oder (im Präteritum) in Zahl und Geschlecht überein.

- Die *Höflichkeitsform* вы — *Sie* wird stets mit einem Prädikat im Plural verbunden:

  Когда́ вы придёте?   — Wann kommen Sie?

  Вы сего́дня ве́чером свобо́дны?   — Haben Sie heute Abend Zeit?

- Das *Pronomen* э́то als Subjekt

  Die Form des Hilfsverbs быть stimmt in Geschlecht und Zahl mit dem Prädikatsnomen
  (nicht mit dem Subjekt э́то!) überein:

  Э́то был мой брат.   — Das war mein Bruder.

  Э́то была́ на́ша да́ча.   — Das war unser Wochenendhaus.

- Die *Wortgruppe „Grundzahlwort + Substantiv"* als Subjekt

  Diese Wortgruppe wird — abweichend vom Deutschen — meist mit einem Prädikat im
  Singular (im Präteritum in der sächlichen Form) verbunden:

  В э́том це́хе рабо́тает два́дцать челове́к. — In dieser Werkhalle arbeiten 20 Mann.

  Прошло́ две неде́ли (не́сколько лет).   — Es vergingen zwei Wochen (einige Jahre).

Bezeichnungen weiblicher Personen als Subjekt ↗ 107

234 | **Das Objekt**

Das Objekt benennt eine Person oder Sache, auf die die im Prädikat genannte Handlung
gerichtet ist. Mögliche Fragen: abgeleitete Fälle von кто? oder что?
(z. B. кого́? — *wen?*, кому́ ? — *wem?*, о чём? — *worüber?*; ↗ auch **176**).

Man unterscheidet
- *direkte Objekte*: Das sind von transitiven Verben (↗ **34**) abhängige Substantive (oder
  Pronomen als ihre Stellvertreter) im *Akkusativ*;
- *indirekte Objekte*: Das sind alle anderen von Verben, Adjektiven oder Adverbien
  abhängigen Objekte: Genitiv-, Dativ-, Instrumental- und präpositionale Objekte.

Beispiele für Objekte

Шу́ра поздравля́ет Ка́тю с днём рожде́ния. — Schura gratuliert Katja zum Geburtstag.
(Кого́ поздравля́ет Шу́ра ...? — Ка́тю.
С чем поздравля́ет Шу́ра Ка́тю? — С днём рожде́ния.)

Он жела́ет Ка́те здоро́вья, сча́стья.   — Er wünscht Katja Gesundheit und Glück.
(Кому́ он жела́ет здоро́вья, сча́стья? — Ка́те.
Чего́ он жела́ет Ка́те? — Здоро́вья, сча́стья.)

Шу́ра дру́жит с Ка́тей с де́тства.   — Schura ist mit Katja seit ihrer Kindheit
(С кем дру́жит Шу́ра с де́тства? — С Ка́тей.)   befreundet.

Говоря́т, что Ка́тя похо́жа на отца́.   — Man sagt, dass Katja ihrem Vater ähnelt.
(На кого́ Ка́тя похо́жа? — На отца́.)

Akkusativ- oder Genitivobjekt? ↗ 272
Wichtige Verben mit vom Deutschen abweichender Rektion ↗ S. 160

Die Adverbialbestimmung

235

Die Adverbialbestimmung (oder das Adverbial) benennt nähere Umstände der im Prädikat genannten Handlung.

Als Adverbialbestimmung treten vor allem Adverbien und Wortgruppen (insbesondere mit einer Präposition verbundene Substantive) auf.

Nach der Art der durch sie ausgedrückten Bedeutung unterscheidet man insbesondere Adverbialbestimmungen

- *der Art und Weise*
  Fragen: как? — wie?, каки́м о́бразом? — auf welche Art und Weise?
  Мы ве́село приве́тствовали друзе́й.   — Fröhlich begrüßten wir unsere Freunde.
- *des Grades und des Maßes*
  Fragen: в како́й сте́пени? — in welchem Grad oder Maß?, ско́лько? — wie viel?
  Я о́чень люблю́ теа́тр.   — Ich liebe das Theater sehr.
  Биле́т сто́ит 70 е́вро.   — Eine Karte kostet 70 Euro.
- *des Ortes*
  Fragen: где? — wo?, куда́? — wohin?, отку́да? — woher?
  Вчера́ мы бы́ли в теа́тре.   — Gestern waren wir im Theater.
- *der Zeit*
  Fragen: когда́? — wann?, как до́лго? — wie lange?, с каки́х пор? — seit wann?,
  до каки́х пор? — bis wann?
  Представле́ние начало́сь в 19 часо́в.   — Die Veranstaltung begann um 19 Uhr.
- *des Grundes*
  Fragen: почему́? — warum?, weshalb?, отчего́? — weswegen?
  Биле́ты мы доста́ли благодаря́ Ни́не.   — Die Karten haben wir dank Nina(s Bemü-
  hungen) erhalten.
- *des Zwecks*
  Fragen: заче́м? — weswegen?, wozu?, с како́й це́лью? — zu welchem Zweck?
  Мать посла́ла Ни́ну в театра́льную   — Mutter hatte Nina wegen der Karten zur
  ка́ссу за биле́тами.   Theaterkasse geschickt.

236 | **Das Attribut**

Das Attribut benennt die Eigenschaft einer Person oder Sache, ihre Reihenfolge oder ihre Zugehörigkeit.

Mögliche Fragen:

како́й? – welcher, was für ein?, кото́рый? – welcher, der wievielte?, чей? – wessen?

Ein Attribut bezieht sich stets auf ein Substantiv (oder eine entsprechende Wortgruppe). Mit diesem Substantiv bildet das Attribut ein erweitertes Satzglied.

Man unterscheidet vor allem

- *adjektivische Attribute*, das heißt Adjektive, Pronomen, Partizipien und Ordnungszahlwörter: Sie stehen gewöhnlich *vor* ihrem Substantiv und stimmen mit ihm in Geschlecht, Zahl und Fall überein:

  ма́ленькая кварти́ра – eine kleine Wohnung, на́ша ку́хня – unsere Küche,
  откры́тая дверь – die geöffnete Tür, пя́тый эта́ж – das vierte (!) Stockwerk.

  Stellung der Partizipien ↗ 89

- *substantivische Attribute*, das heißt Substantive insbesondere im Genitiv: Sie stehen gewöhnlich *hinter* ihrem Substantiv:

  кварти́ра роди́телей – die Wohnung der Eltern, ко́мната Воло́ди – Wolodjas Zimmer.

Attribute in einem Textauszug

Му́мий Тролль – э́то была́ изве́стная и популя́рная ру́сская рок-гру́ппа. Интере́сные музыка́льные иде́и, оригина́льные те́ксты плюс артисти́ческий тала́нт Ильи́ Лагуте́нко принесли́ гру́ппе огро́мный успе́х.

„Mumi Troll" war eine bekannte und populäre russische Rockgruppe. Interessante musikalische Ideen, originelle Texte und das künstlerische Talent von Ilja Lagutenko brachten der Gruppe riesigen Erfolg.

Каки́е иде́и, каки́е те́ксты, како́й тала́нт Ильи́ Лагуте́нко принесли́ гру́ппе успе́х? (интере́сные музыка́льные иде́и, оригина́льные те́ксты, артисти́ческий тала́нт)
Чей тала́нт принёс гру́ппе огро́мный успе́х? (тала́нт Ильи́ Лагуте́нко)

237 | **Übereinstimmung zwischen adjektivischen Attributen und ihrem Substantiv**

Beziehen sich zwei adjektivische, durch и – *und* verbundene Attribute im Singular auf ein Substantiv, so steht dieses *Substantiv*

- wie im Deutschen im *Singular*, wenn durch die Attribute ein und derselbe Gegenstand näher bestimmt wird, z. B.:

  у́мный и че́стный челове́к   – ein kluger und ehrlicher Mensch,
  изве́стная и популя́рная рок-гру́ппа   – eine bekannte und populäre Rockgruppe;

- zum Unterschied vom Deutschen im *Plural*, wenn durch die Attribute mehrere Gegenstände benannt werden, z. B.:

  англи́йский и ру́сский языки́   – die englische und die russische Sprache,
  уча́щиеся девя́того и деся́того кла́ссов   –Schüler der neunten und der zehnten Klasse.

  Wortgruppe „Grundzahlwort + Adjektiv + Substantiv" ↗ 153

Baupläne der Sätze

238

Im Folgenden werden wichtige Baupläne russischer einfacher Sätze vorgestellt, und zwar in der Reihenfolge: zweigliedrige Sätze – eingliedrige Sätze.

- An der Spitze steht jeweils ein *Mustersatz* (soweit möglich, mit Bezug auf gegenwärtiges, vergangenes und zukünftiges Geschehen).
- Darunter wird das *prädikative Zentrum* des Satzes (↗ 228) erläutert.
- Es folgen einige Hinweise zu möglichen *Erweiterungen* des Mustersatzes.

Als Stellvertreter eines Substantivs kann häufig ein Pronomen stehen.

Der Bau zweigliedriger Sätze

239

Die Baupläne russischer und deutscher zweigliedriger Sätze (↗ 240–244) sind im Wesentlichen gleich.

Ⓡ Ⓓ

| Ли́да | читáет. читáла. бýдет читáть. | – Lida | liest. las (hat gelesen). wird lesen. |

Subjekt:	*Verbales Prädikat:*
Substantiv + *Nom.*	**Verb** *konj. Form*

240

Der Satz kann vielfältig durch Objekte und Adverbialbestimmungen erweitert werden:
Ли́да обязáтельно хóчет (про-)читáть э́ту кни́гу. – Lida will dieses Buch unbedingt lesen.

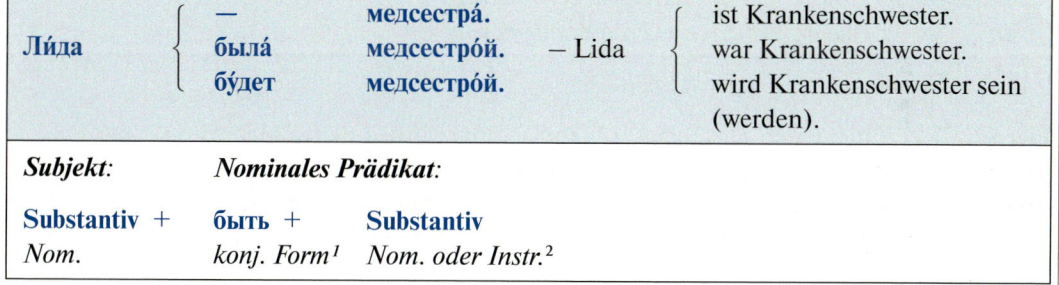

| Ли́да | — былá бýдет | медсестрá. медсестрóй. медсестрóй. | – Lida | ist Krankenschwester. war Krankenschwester. wird Krankenschwester sein (werden). |

Subjekt:	*Nominales Prädikat:*	
Substantiv + *Nom.*	**быть** + *konj. Form[1]*	**Substantiv** *Nom. oder Instr.[2]*

241

[1] Das Präsens wird ohne Hilfsverb gebildet;
Kennzeichnung in der Schrift durch Gedankenstrich nur, wenn das Subjekt ein Substantiv ist.

[2] Das Präsens wird mit dem Nominativ, die anderen Zeitformen werden mit dem Instrumental verbunden.

Der Satz kann vielfältig, z. B. durch Adverbialbestimmungen, erweitert werden.
В э́то врéмя Ли́да былá медсестрóй в дéтской больни́це. — In dieser Zeit war Lida Krankenschwester in einem Kinderkrankenhaus.

242

Экскурсия	была	интересная. интересная (интересной).	— Der Ausflug	ist interessant. war interessant.
	будет	интересная (интересной).		wird interessant werden.

Subjekt:	Nominales Prädikat:		
Substantiv + Nom.	быть + konj. Form[1]	Adjektiv Nom. oder Instr.[2]; auch: Kurzform[3]	

[1] Das Präsens wird ohne Hilfsverb gebildet.

[2] Das Präsens wird mit dem Nominativ, die anderen Zeitformen werden mit dem Nominativ oder mit dem Instrumental verbunden (280).

[3] Auch die Kurzform des Adjektivs kann in allen Zeiten verwendet werden:
Экскурсия (была, будет) интересна. (139)

Der Satz kann vielfältig, z. B. durch Attribute oder Adverbialbestimmungen, erweitert werden.

Наша экскурсия по городу была очень интересной.
— Unsere Stadtbesichtigung war sehr interessant.

243

Музей	был будет	закрыт. закрыт. закрыт.	— Das Museum	ist geschlossen. war geschlossen. wird geschlossen sein.

Subjekt:	Nominales Prädikat:	
Substantiv + Nom.	быть + konj. Form[1]	Kurzform des Partizips des Präteritums Passiv

[1] Das Präsens wird ohne Hilfsverb gebildet.

Der Satz bezeichnet einen Zustand, der herbeigeführt wurde oder werden wird (84).
Er kann vielfältig, z. B. durch Attribute oder Adverbialbestimmungen, erweitert werden.

Два месяца краеведческий музей нашего города был закрыт на ремонт.
— Zwei Monate war das Heimatmuseum unserer Stadt wegen Renovierung geschlossen.

244

Лида	была будет	дома (на работе). дома (на работе). дома (на работе).	— Lida	ist zu Hause (auf Arbeit). war zu Hause (auf Arbeit). wird zu Hause (auf Arbeit) sein.

Subjekt:	Prädikat:	
Substantiv + Nom.	быть + konj.[1] Form	Adverb oder Substantiv in einer Wortgruppe

[1] Das Präsens wird ohne Verb gebildet.

Der Satz kann vielfältig erweitert werden.

Вчера вечером Лида и её подруга Катя были на дискотеке.
— Gestern Abend waren Lida und ihre Freundin Katja in der Diskothek.

Der Bau eingliedriger Sätze

245

Nach der Form des Prädikats eingliedriger Sätze (↗ **228**) unterscheidet man

* ***unbestimmt-persönliche Sätze*** (↗ **246**);
* ***unpersönliche Sätze***, und zwar

    Sätze mit unpersönlich gebrauchtem Verb (↗ **247**),   Sätze mit prädikativem Adverb (↗ **249/250**),
    Infinitivsätze (↗ **248**),   verneint-unpersönliche Sätze (↗ **251**);
* ***Nominativsätze*** (↗ **252**).

Unbestimmt-persönliche Sätze

246

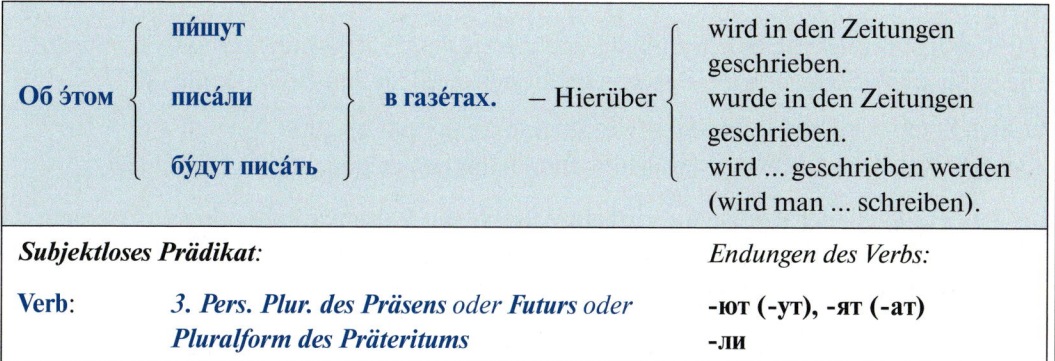

Об э́том { пи́шут / писа́ли / бу́дут писа́ть } в газе́тах.	— Hierüber { wird in den Zeitungen geschrieben. / wurde in den Zeitungen geschrieben. / wird … geschrieben werden (wird man … schreiben). }

Subjektloses Prädikat:	*Endungen des Verbs:*
Verb: *3. Pers. Plur. des Präsens oder Futurs oder Pluralform des Präteritums*	**-ют (-ут), -ят (-ат)** **-ли**

Unbestimmt-persönliche Sätze bezeichnen eine Handlung, deren Urheber nicht genannt wird – entweder weil er dem Sprecher unwichtig erscheint oder weil er ihm unbekannt ist. Die Wiedergabe im Deutschen kann durch Aktivsätze mit dem Subjekt *man* oder durch Passivsätze erfolgen.

Здесь говоря́т по-англи́йски. — Hier wird Englisch gesprochen.
По́чту уже́ принесли́? — Hat man die Post schon gebracht?

Unbestimmt-persönlicher oder Passivsatz? ↗ **84**

Sätze mit einem unpersönlich gebrauchten Verb

247

Света́ет.	(Смерка́ется.)	— Es wird hell (dunkel).
Света́ло.	(Смерка́лось.)	— Es wurde hell (dunkel).
Бу́дет света́ть.	(Бу́дет смерка́ться.)	— Es wird hell (dunkel) werden.

Subjektloses Prädikat:	*Endungen des Verbs:*
Verb: *3. Pers. Sing. des Präsens oder Futurs oder sächliche Form des Präteritums*	**-ет(ся), -ит(ся)** **-ло(сь)**

Sätze mit einem unpersönlich gebrauchten Verb bezeichnen oft einen Naturzustand oder den Zustand eines Menschen – und zwar unabhängig von einem Urheber (↗ auch **33**).
Die Wiedergabe im Deutschen erfolgt oft durch Sätze mit dem Subjekt *es* oder *man*.

Wird der Urheber einer (gewünschten, geforderten) Handlung genannt, so steht das entsprechende Wort als Objekt im Dativ – im Deutschen entspricht ihm das Subjekt.

Мне не хо́чется спо́рить с тобо́й. — Ich möchte nicht mit dir streiten.
Ви́ктору пришло́сь уе́хать. — Viktor musste wegfahren.

248 | **Infinitivsätze**

Куда́ <u>положи́ть</u> кни́гу?	— Wohin soll man (soll ich) das Buch legen?
Что нам <u>де́лать</u>?	— Was sollen (können, müssen) wir tun?
Как нам <u>попа́сть</u> в центр го́рода?	— Wie kommen wir ins Stadtzentrum?
Мне за́втра ра́но <u>встава́ть</u>.	— Ich muss morgen zeitig aufstehen.
Вам здесь не <u>пройти́</u>!	— Sie können hier nicht durch(-gehen)!

Subjektloses Prädikat:	*Suffix des Verbs:*	
Verb: *unabhängiger Infinitiv*	**-ть(ся)**	**(+ Dat. der Person)**

Infinitivsätze bezeichnen eine Handlung, die künftig ausgeführt werden kann (soll, muss). Die treffende Wiedergabe im Deutschen ergibt sich aus dem Sinnzusammenhang.

Ⓡ Ⓓ Wird der Urheber der (gewünschten, geforderten) Handlung genannt, so steht das entsprechende Wort als Objekt im Dativ – im Deutschen entspricht ihm das Subjekt.

In Verbindung mit der Partikel бы wird ein Wunsch, ein Ratschlag oder – bei verneintem Infinitiv – eine Warnung ausgedrückt.

Тебе́ бы поговори́ть с Ли́дой.	— Du solltest mit Lida sprechen.
Не простуди́ться бы вам!	— Dass ihr euch nur nicht erkältet!

249 | **Sätze mit einem prädikativen Adverb**

На у́лице		хо́лодно.	— Draußen		ist es kalt.
	бы́ло	хо́лодно.			war es kalt.
	бу́дет	хо́лодно.			wird es kalt sein.

Subjektloses Prädikat:	
Prädikatives Adverb + **быть**[1]	**(+ Dat. der Person)**
3. Pers. Sing. des Futurs oder sächliche Form des Präteritums	

[1] Das Präsens wird ohne Hilfserb gebildet.

Sätze mit einem prädikativen Adverb (↗ **205/206**) bezeichnen einen Naturzustand oder den Zustand eines Menschen.

Ⓡ Ⓓ Die Wiedergabe im Deutschen erfolgt oft durch Sätze mit dem Subjekt *es*.

Wird eine Person genannt, die von dem Zustand betroffen ist, so steht das entsprechende Wort als Objekt im Dativ.

Уже́ де́вять часо́в, а на у́лице ещё совсе́м темно́.	— Es ist schon neun Uhr, aber draußen ist es noch ganz dunkel.
Мне жаль проща́ться с ва́ми.	— Es tut mir leid, mich von euch verabschieden zu müssen.
Без вас мне бу́дет ску́чно.	— Ohne euch werde ich mich langweilen.

250

Мне	нýжно нýжно бы́ло нýжно бýдет	уéхать.	— Ich	muss wegfahren. musste wegfahren. werde wegfahren müssen.

Subjektloses Prädikat:

Prädikatives Adverb + быть[1] + Infinitiv   (*+ Dat. der Person*)

3. Pers. Sing. des Futurs oder sächliche Form des Präteritums

[1] Das Präsens wird ohne Hilfsverb gebildet.

Sätze mit мóжно, нельзя́, нáдо oder нýжно bezeichnen Möglichkeit, Unmöglichkeit oder Notwendigkeit einer (im Infinitiv genannten) Handlung (↗ **206**).
Die Wiedergabe im Deutschen erfolgt oft durch Sätze mit dem Subjekt *man*.

Wird eine Person genannt, die Urheber einer möglichen oder notwendigen Handlung ist, so steht das entsprechende Wort als Objekt im Dativ — im Deutschen entspricht ihm das Subjekt.

Нам нýжно встрéтиться.	— Wir müssen uns treffen.
Нáдо бы́ло купи́ть хлéба.	— Man musste (Wir mussten) Brot kaufen.
Реши́ть э́ту задáчу трýдно, но мóжно.	— Diese Aufgabe ist schwer, aber lösbar.
Здесь нельзя́ пройти́ (*v./*).	— Hier <u>kann man nicht</u> durchgehen.
В э́том мéсте нельзя́ переходи́ть (*uv./*) ýлицу.	— An dieser Stelle <u>darf man nicht</u> über die Straße gehen.

Verneint-unpersönliche Sätze

251

Ли́ды	нет нé было не бýдет	дóма.	— Lida	ist nicht zu Hause. war nicht zu Hause. wird nicht zu Hause sein.

Subjektloses Prädikat:

Substantiv + нет   (*+ Adverb oder + у mit Substantiv*)
Gen.   *Gen.*

Verneint-unpersönliche Sätze drücken aus, dass eine Person oder Sache nicht existiert, fehlt. Die fehlende Person oder Sache wird durch ein Substantiv oder Pronomen im Genitiv bezeichnet.
Die Wiedergabe im Deutschen erfolgt durch Konstruktionen wie ***Jemand ist nicht …***, ***Es gibt kein(e, -en) …*** (↗ auch **281/282**).

— Мóжно поговори́ть с Ви́ктором?	— Kann ich mit Viktor sprechen?
— Егó нет дóма. (*Aber*: Он дóма.)	— Er ist nicht zu Hause. (*Aber*: Er ist zu Hause.)
В ресторáне нé было свобóдных мест.	— Im Restaurant gab es keine freien Plätze.
Зáвтра не бýдет дождя́.	— Morgen regnet es nicht.
(*Aber*: Зáвтра бýдет дождь.)	(*Aber*: Morgen wird es regnen.)

Das Prädikat eines verneint-unpersönlichen Satzes kann durch ein präpositionales Objekt у + *Substantiv (oder Pronomen als Stellvertreter) im Genitiv* erweitert werden:

Mit diesem Objekt wird die Person bezeichnet, die jemanden nicht hat oder etwas nicht besitzt. Die deutsche Wiedergabe erfolgt durch die Konstruktion

Jemand hat ... nicht, *hat kein(e, -en)...* (↗ auch **283**).

У меня́ нет ни бра́та, ни сестры́.	— <u>Ich</u> habe keine Geschwister.
У Шу́ры нет э́той кни́ги.	— <u>Schura</u> hat dieses Buch nicht.

---

252 **Nominativsätze**

		Зима́.	— (Es ist) Winter.
	Была́	зима́.	— Es war Winter.
Ско́ро	бу́дет	зима́.	— Bald wird Winter sein.

Prädikat:	
быть +	**Substantiv**
konj. Form[1]	*Nom.*

[1] Das Präsens wird ohne Hilfsverb gebildet.

Nominativsätze bezeichnen einen bestehenden Sachverhalt.

Воскресе́нье. Два часа́.	— (Es ist) Sonntag. (Es ist) zwei Uhr.
Вот моя́ но́вая кварти́ра.	— Das ist meine neue Wohnung.

---

253 **Unvollständige Sätze**

In unvollständigen Sätzen fehlt das eine oder andere Satzglied, das zum Bauplan eines vollständigen Satzes gehört. Sie werden vor allem **in mündlicher Rede** gebraucht. Die Sprecher streben nach Kürze ihrer Äußerungen und beziehen sich auf bereits Gesagtes.

In einem russischen zweigliedrigen Satz wird besonders oft das Subjekt weggelassen (das ja gewöhnlich schon durch die konjugierte Verbform eindeutig bestimmt ist). Aber auch andere Satzglieder können in einer gegebenen Redesituation ausgelassen werden.

Beispiele für eine mögliche Auslassung

- des Subjekts:

— Вы выхо́дите на сле́дующей (ста́нции)?	— Steigen Sie an der nächsten Station aus?
— Нет, не выхожу́.	— Nein.

- des Prädikats:

— Тебе́ в каку́ю сто́рону?	— In welche Richtung musst du gehen?
— Я (oder: Мне) к метро́.	— Zur U-Bahn.

- des Subjekts und des Prädikats:

— Где вы живёте? — В Га́мбурге.	— Wo wohnen Sie? — In Hamburg.

- des Prädikats und des Objekts in einem eingliedrigen Satz:

— За ско́лько вре́мени мо́жно вы́учить язы́к? — За 10 дней и́ли за всю жизнь.	— In welcher Zeit kann man eine Sprache erlernen? — Innerhalb von 10 Tagen oder im Verlauf eines ganzen Lebens.

Folge der Satzglieder im Aussagesatz

254

Ⓡ|Ⓔ

Die Folge der Satzglieder im Russischen ist – im Unterschied zum Englischen – flexibel. Während für den englischen Aussagesatz die feste Folge Subjekt – Prädikat – Objekt gilt, hängt die Stellung der Satzglieder im Russischen von ihrem *Informationswert für den Gesprächspartner* ab.

Man unterscheidet daher

- den Teil eines Satzes, dessen Inhalt dem Gesprächspartner schon bekannt ist, und
- den Teil eines Satzes, der *das Neue*, den *Kern der Äußerung* enthält und der daher auch den Hauptakzent des Satzes trägt.

> Im russischen Aussagesatz steht das Neue, der *Kern der Äußerung* in neutraler, nicht emotional gefärbter Rede *am Satzende*.

Im Folgenden werden Beispielsätze aus einer Erzählung über eine Reise mit der Transsibirischen Eisenbahn verwendet.

Stellung von Subjekt und Prädikat

255

Will der Sprecher als Kern der Äußerung eine *Handlung* oder ihr Merkmal benennen, so wählt er die Abfolge *Subjekt – Prädikat*:

(Что случилось 3 сентября?)

3 сентября мы с мужем приехали на вокзал. — Am 3. September fuhren mein Mann und ich zum Bahnhof.

Will der Sprecher als Kern der Äußerung eine *Person oder Sache* benennen, über die im Satz etwas ausgesagt wird, wählt er die Abfolge *Prädikat – Subjekt*:

(Что стояло на платформе № 2?)

На платформе № 2 стоял поезд «Россия». — Am Bahnsteig 2 stand der Zug „Rossija".

(Кто уже сидел в купе?)

В нашем купе уже сидела девушка из Австралии. — In unserem Abteil saß bereits eine junge Frau aus Australien.

Stellung des Objekts

256

Ein Objekt steht gewöhnlich *hinter dem Verb*, von dem es abhängt.

Regiert ein Verb mehrere Fälle, so steht das direkte Objekt vor dem indirekten (Ausnahme: Dativ eines Personalpronomens *vor* dem direkten Objekt):

(Что вы покупали на станциях?)

На станциях мы покупали продукты. — Auf Bahnhöfen kauften wir Lebensmittel.

(Кому продавали женщины эти продукты?)

Женщины продавали эти продукты пассажирам. — Frauen verkauften diese Lebensmittel den Reisenden.

Дайте нам, пожалуйста, кило яблок. — Geben Sie uns bitte ein Kilo Äpfel!

257 | **Stellung der Adverbialbestimmung**

Eine Adverbialbestimmung, die durch ein *Adverb* ausgedrückt wird, steht gewöhnlich
vor dem Verb (ihre Nachstellung bedeutet Hervorhebung):

(Как проводни́к рассма́тривал биле́ты?)

Проводни́к <u>до́лго и внима́тельно</u> <u>рассма́тривал</u> биле́ты.	— Der Zugbegleiter kontrollierte die Fahrkarten lange und aufmerksam.
Он <u>вдруг</u> <u>закрича́л</u> на весь ваго́н: «Ско́ро бу́дет обели́ск!»	— Er rief plötzlich durch den ganzen Wagen: „Gleich sehen wir den Obelisken[1]!"

Eine Adverbialbestimmung, die durch eine *Wortgruppe* ausgedrückt wird, steht,
• wenn sie den Kern der Aussage bildet, *am Satzende*,
• wenn sie nur den Ausgangspunkt der Äußerung bildet, *am Satzanfang*. Vgl.:

(Где вы ча́сто встреча́лись во вре́мя пое́здки?)

Во вре́мя пое́здки мы ча́сто встреча́лись в конце́ ваго́на.	— Während der Fahrt trafen wir uns oft am Ende des Waggons.

(Что стоя́ло в конце́ ваго́на?)

В конце́ ваго́на стоя́л самова́р.	— Am Ende des Waggons stand ein Samowar.

Abfolge mehrgliedriger Grundzahlwörter ↗ 148; Ungefähre Zahlenangaben ↗ 154

Stellung von не ↗ 217

Stellung des Genitivattributs ↗ 236

258 | **Folge der Satzglieder im Fragesatz**

Ⓡ Ⓓ Wird in einer *Ergänzungsfrage* das Subjekt durch ein *Personalpronomen* ausgedrückt, so folgt
dieses dem Fragewort unmittelbar und steht – im Unterschied zum Deutschen –
vor dem Prädikat;
Abfolge *Fragewort – Personalpronomen als Subjekt – Prädikat*:

С кем <u>вы</u> говори́ли? (Мы говори́ли с де́вушкой из Австра́лии.)	— Mit wem haben Sie gesprochen?
Куда́ <u>вы</u> <u>е́дете</u>? (Мы е́дем в Ирку́тск.)	— Wohin fahren Sie?

Wird dagegen das Subjekt durch ein *Substantiv* ausgedrückt, so steht dieses gewöhnlich
hinter dem Prädikat;
Abfolge gewöhnlich *Fragewort – Prädikat – Substantiv als Subjekt*:

Куда́ <u>е́дет</u> де́вушка из Австра́лии? (Де́вушка е́дет в Новосиби́рск.)	— Wohin fährt die junge Frau aus Australien?
На како́м расстоя́нии от Москвы́ <u>нахо́дится</u> обели́ск?	— In welcher Entfernung von Moskau steht der Obelisk?

Stellung von ли in einer Entscheidungsfrage ↗ 221

---

[1] Dieser Obelisk am Rande einer Eisenbahnstrecke markiert die Grenze zwischen Europa und Asien.

Zusammengesetzte Sätze

Ein zusammengesetzter Satz besteht aus zwei oder mehreren *Teilsätzen* mit eigenen prädikativen Zentren (↗ 228). Oft werden diese Teilsätze durch Konjunktionen verbunden.	**259**

Man unterscheidet *Satzverbindungen* und *Satzgefüge*.

Satzverbindungen

260

Das sind Verbindungen *nebengeordneter Teilsätze*, die durch nebenordnende Konjunktionen (↗ 212) verbunden sein können.

Satzverbindung

Возьми́ зелёную блу́зку, мне она́ бо́льше нра́вится.   *... ohne Konjunktion*
— Nimm die grüne Bluse, mir gefällt sie besser.

Ве́щи изве́стных иностра́нных фирм стоя́т о́чень до́рого,   *...mit Konjunktion*
и не все мо́гут позво́лить себе́ покупа́ть их.
— Kleidungsstücke bekannter ausländischer Markenfirmen sind sehr teuer, und nicht alle können sie sich leisten.

Я звони́л(-а), но вас не́ было до́ма.   *... mit Konjunktion*
— Ich habe angerufen, aber ihr wart (Sie waren) nicht zu Hause.

Satzgefüge

261

Das sind Gefüge, in denen ein (in grammatischer Hinsicht untergeordneter) *Nebensatz* das im *Hauptsatz* Gesagte ergänzt oder erläutert.
Ein Nebensatz kann durch eine unterordnende Konjunktion (↗ 214), ein Adverb oder ein Relativpronomen eingeleitet werden.

Satzgefüge

Лёд на Байка́ле прозра́чный, потому́ что вода́ о́чень чи́стая.   *... mit Konjunktion*
— Das Eis auf dem Baikalsee ist durchsichtig, da das Wasser sehr sauber ist.

Неда́вно На́дя была́ в дере́вне, где она́ родила́сь.   *... mit Adverb*
— Kürzlich war Nadja in dem Dorf, wo sie geboren wurde.

Она́ хоте́ла познако́миться с людьми́, кото́рые живу́т   *... mit Relativpronomen*
далеко́ от це́нтра.
— Sie wollte Menschen kennenlernen, die weit vom Zentrum entfernt leben.

Die *Funktion eines Nebensatzes* im Satzgefüge kann man mit der Funktion eines Satzgliedes im einfachen Satz (↗ 229) vergleichen.

Es werden folgende *Arten von Nebensätzen* vorgestellt:
Objektsätze, Adverbialsätze und Attributsätze.

262 | Objektsätze

Objektsätze werden eingeleitet durch
- unterordnende Konjunktionen wie что – *dass*, чтобы – *dass*,
- Pronomen wie кто – *wer*, что – *was* (↗ auch **185**) oder
- Adverbien wie когда́ – *wann*, где – *wo*, куда́ – *wohin*.

Что *oder* чтобы? ↗ **215**

(Что ты зна́ешь?)
Я зна́ю, что профе́ссия врача́ в Росси́и не о́чень прести́жная.
– Ich weiß, dass der Arztberuf in Russland nicht sehr angesehen ist.

(Чего́ хо́чет ма́ма?)
Моя́ ма́ма врач. Она́ хо́чет, чтобы я то́же ста́ла врачо́м.
– Meine Mutter ist Ärztin. Sie möchte, dass auch ich Ärztin werde.

(Что расска́зывали ребя́та?)
Ребя́та расска́зывали, что они́ де́лали ле́том, куда́ е́здили во вре́мя кани́кул.
– Die Jungen erzählten, was sie im Sommer gemacht hatten, wo sie in den Ferien (gewesen) waren.

Adverbialsätze

263 | … der Zeit

Ein Adverbialsatz der Zeit (oder Temporalsatz) drückt aus, in welchem zeitlichen Verhältnis die Handlung dieses Nebensatzes zu der des Hauptsatzes steht.
Auch in Satzgefügen gelten die Regeln des Aspektgebrauchs (↗ **40/41**).

- Die Handlung des Nebensatzes läuft *gleichzeitig mit der Handlung des Hauptsatzes* ab:
  Der Nebensatz wird eingeleitet durch Konjunktionen wie
  когда́ – *als, während*, в то вре́мя как – *als, während*.

  Когда́ мы возвраща́лись (*uv.*) домо́й, мы оживлённо разгова́ривали (*uv.*).
  – Als wir nach Hause gingen, unterhielten wir uns lebhaft.

  Ма́ша о́чень боя́лась (*uv.*), когда́ они́ е́хали (*uv.*) по льду о́зера Байка́л.
  – Mascha hatte große Angst, als sie über den zugefrorenen Baikalsee fuhren.

  В то вре́мя как мы разгова́ривали (*uv.*) с Ни́ной, подошёл (*v.!*) авто́бус.
  – Während wir uns mit Nina unterhielten, war der Bus gekommen.

- Die Handlung des Nebensatzes läuft *vor der Handlung des Hauptsatzes* ab:
  Der Nebensatz wird eingeleitet durch Konjunktionen wie
  когда́ – *als, nachdem, sobald*, по́сле того́ как – *nachdem*.

  Когда́ ко́нчится (*v.*) дождь, мы пойдём (*v.*) гуля́ть.
  – Sobald der Regen aufhört, gehen wir spazieren.

  По́сле того́ как мы при́были (*v.*) в Москву́, мы сра́зу пое́хали (*v.*) в центр го́рода.
  – Nachdem wir in Moskau angekommen waren, fuhren wir sofort ins Stadtzentrum.

- Die Handlung des Nebensatzes läuft **nach der Handlung des Hauptsatzes** ab:
  Der Nebensatz wird eingeleitet durch Konjunktionen wie
  до того́ как — *bevor, ehe*, пока́ не — *bis (schließlich)*.

  Мы жда́ли (*uv.*), пока́ сестра́ не верну́лась (*v.*) с рабо́ты.
  — Wir warteten, bis unsere Schwester von der Arbeit kam.

  До того́ как брат на́чал (*v.*) учи́ться в те́хникуме, он рабо́тал (*uv.*) на заво́де.
  — Bevor mein Bruder an die Fachschule ging, arbeitete er in einem Betrieb.

... des Grundes

264

Ein Adverbialsatz des Grundes (oder Kausalsatz) drückt die Ursache, den Grund für das im Hauptsatz Gesagte aus. Er wird eingeleitet durch Konjunktionen wie
потому́ что (*nicht am Satzanfang*) — *weil, da*, та́к как — *weil, da*.

Серёжа не мо́жет прие́хать, потому́ что о́чень за́нят.
— Serjoscha kann nicht kommen, weil er viel zu tun hat.

Ко́ля не́ был на конце́рте, та́к как заболе́л.
— Kolja war nicht im Konzert, weil er krank geworden war.

... des Zwecks

265

Ein Adverbialsatz des Zwecks (oder Finalsatz) drückt die Absicht, den Zweck des im Hauptsatz Gesagten aus. Er wird eingeleitet durch Konjunktionen wie
(для того́) что́бы — *damit, um zu*.

Beziehen sich die Äußerungen in Haupt- und Nebensatz
- nicht auf ein und dieselbe handelnde Person, so steht das Prädikat des Nebensatzes im Konjunktiv (Wiedergabe im Deutschen: *damit* mit Verbform im Indikativ);
- auf ein und dieselbe handelnde Person, so steht das Prädikat des Nebensatzes im Infinitiv (Wiedergabe im Deutschen: *um zu* mit Infinitiv).

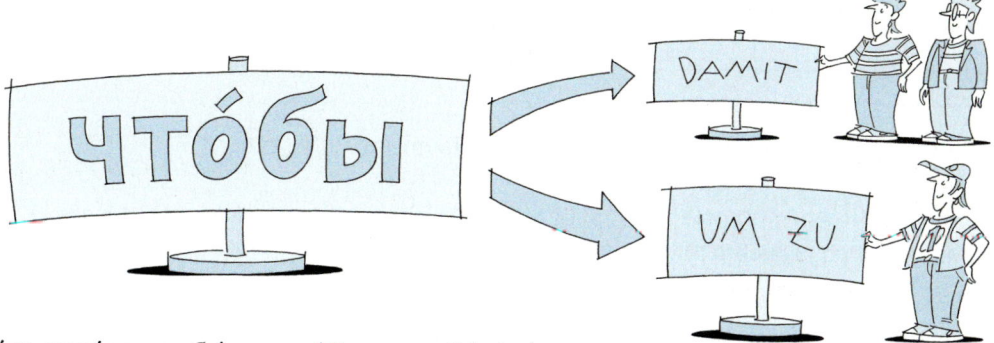

Во́ва сказа́л мне об э́том, что́бы я не забы́л(-а).
— Wowa hat es mir gesagt, damit ich es nicht vergesse.

Я позвоню́ вам, что́бы сообщи́ть вре́мя встре́чи.
— Ich werde euch (Sie) anrufen, um euch (Ihnen) mitzuteilen, wann wir uns treffen.

Что́бы охраня́ть жизнь ре́дких живо́тных, в тайге́ создаю́т заповедники.
— Um das Leben seltener Tiere zu schützen, richtet man in der Taiga Naturschutzgebiete ein.

266 | **... der Bedingung**

Ein Adverbialsatz der Bedingung (oder Konditionalsatz) drückt eine Voraussetzung, eine Bedingung für das im Hauptsatz Gesagte aus. Er wird eingeleitet durch Konjunktionen wie если (бы) – *wenn, falls*, когда́ – *wenn, falls*.

Ist die im Nebensatz genannte Bedingung
• real, das heißt erfüllt oder erfüllbar, so stehen die Prädikate in beiden Teilsätzen im Indikativ;
• irreal, das heißt nicht erfüllt oder nicht (mehr) erfüllbar, so stehen die Prädikate in beiden Teilsätzen im Konjunktiv.

Е́сли <u>не бу́дет</u> дождя́, то мы <u>пое́дем</u> за́ город.
— Wenn es nicht regnet, fahren wir ins Grüne.

Е́сли <u>бы не́ было</u> дождя́, мы <u>пое́хали бы</u> за́ город.
— Wenn es nicht geregnet hätte, wären wir ins Grüne gefahren.

Когда́ я мо́дно оде́та, я уве́рена в себе́, у меня́ хоро́шее настрое́ние.
— Wenn ich modern angezogen bin, bin ich selbstbewusst und habe gute Laune.

По-мо́ему, мы мо́жем лу́чше поня́ть ру́сских, е́сли мы бу́дем знать исто́рию их страны́.
— Meiner Meinung nach können wir die Russen besser verstehen, wenn wir die Geschichte ihres Landes kennen.

267 | **... der Einräumung**

Ein Adverbialsatz der Einräumung (oder Konzessivsatz) drückt einen Sachverhalt aus, der im Widerspruch zu dem im Hauptsatz Gesagten steht, jedoch seine Wirkung nicht aufhebt. Der Nebensatz wird durch Konjunktionen wie хотя́ – *obwohl, wenn auch* eingeleitet.

Хотя́ с утра́ шёл дождь, тури́сты отпра́вились в похо́д.
— Obwohl es seit dem Morgen regnete, machten sich die Touristen auf den Weg.

Воло́дя говори́т по-неме́цки? — Да, он всё мо́жет сказа́ть, хотя́ ещё де́лает оши́бки.
— Spricht Wolodja Deutsch? — Ja, er kann alles sagen, wenn er auch noch Fehler macht.

268 | **Attributsätze**

Ein Attributsatz bestimmt ein Substantiv, das im Hauptsatz steht, näher.
Der Nebensatz wird eingeleitet durch
• Formen der Relativpronomen кото́рый – *welcher, der*, како́й – *welcher, was für ein* (zum Gebrauch ↗ auch **185**) oder
• Adverbien wie когда́ – *wann*, где – *wo*.

В Росси́и всё бо́льше <u>молоды́х люде́й</u>, кото́рые не ку́рят.
— In Russland gibt es immer mehr junge Leute, die nicht rauchen.

В кла́ссе у меня́ <u>два ма́льчика</u>, с кото́рыми я дружу́.
— In meiner Klasse sind zwei Jungen, mit denen ich befreundet bin.

Неда́вно я встре́тился с Ко́стей, мои́м дру́гом из <u>го́рода</u>, где мы ра́ньше жи́ли.
— Neulich traf ich Kostja, meinen Freund aus der Stadt, wo wir früher gewohnt haben.

Indirekte Rede

Eine indirekte Rede ist die durch einen Sprecher oder eine Sprecherin *vermittelte sinngemäße Wiedergabe* einer wörtlichen (oder direkten) Rede.

269

Die indirekte Rede wird in einem Satzgefüge wie folgt wiedergegeben:
- Die *Redeeinleitung*, die den Urheber der Äußerung benennt, bildet den Hauptsatz. In diesem treten vor allem Verben des Sagens und Denkens auf (z. B. сказа́ть *v.* / говори́ть — *sagen, sprechen*, спроси́ть *v.* / спра́шивать — *fragen*, отве́тить *v.* / отвеча́ть — *antworten*).
- Die *indirekte Rede* bildet den Nebensatz.

Umwandlung direkter Rede in indirekte Rede

270

Direkte Rede	Indirekte Rede (Nebensatz)	
Satzart	Einleitung durch	Grammatische Merkmale des Prädikats
Aussagesatz	что — dass	
Entscheidungsfrage	ли[1] — ob	wie in direkter Rede[2]
Ergänzungsfrage	**Fragewörter** (wie in direkter Rede)	
Aufforderungssatz *im Imperativ*	чтобы — dass	*Wechsel zum Konjunktiv* (*Infinitiv*)

[1] Zur Stellung von ли ↗ **221**.

[2] Personenbezeichnungen werden aus der Sicht des berichtenden Sprechers verändert.

Beispiele

... für die Wiedergabe eines Aussagesatzes in indirekter Rede:
Друг говори́т: «Я вчера́ ви́дел тебя́ на конце́рте».
Друг говори́т, что (он) вчера́ ви́дел меня́ на конце́рте.
— Mein Freund sagt, dass er mich gestern im Konzert gesehen habe (... gesehen hat).

... für die Wiedergabe einer Entscheidungsfrage in indirekter Rede :
Друг спроси́л меня́: «Конце́рт тебе́ понра́вился?»
Друг спроси́л, понра́вился ли мне конце́рт.
— Mein Freund fragte, ob mir das Konzert gefallen habe (... gefallen hätte, ... gefallen hat).

... für die Wiedergabe einer Ergänzungsfrage in indirekter Rede:
Друг спроси́л меня́: «Где здесь нахо́дится театра́льная ка́сса?»
Друг спроси́л меня́, где нахо́дится театра́льная ка́сса.
— Mein Freund fragte mich, wo sich eine Theaterkasse befindet (... befände).

... für die Wiedergabe eines Aufforderungssatzes in indirekter Rede:
Друг попроси́л меня́: «Пожа́луйста, купи́ для меня́ два биле́та на суббо́ту».
Друг попроси́л, чтобы я купи́л(-а) для него́ два биле́та на суббо́ту.
— Mein Freund bat, dass ich für ihn zwei Karten für Sonnabend besorgen sollte.

Im Deutschen stehen für die Wiedergabe indirekter Rede Konjunktiv- und Indikativformen, gelegentlich auch Umschreibungsmöglichkeiten (z. B. mithilfe von *sollen, können*) zur Verfügung.

Russisch-Deutsches im Vergleich

271 | Gebrauch der Fälle

Genitiv, Dativ, Akkusativ und Instrumental werden sowohl ohne als auch mit Präpositionen gebraucht. Der Präpositiv wird dagegen nur mit Präpositionen verwendet (↗ **109**).

Im Folgenden werden wichtige Anwendungsmöglichkeiten der russischen Fälle (ohne Präpositionen) aufgezeigt, die vom Deutschen abweichen.

Vom Deutschen abweichender Gebrauch der Fälle (ohne oder mit Präpositionen) ↗ S. 160

272 | Der Genitiv bei Verben

Der Genitiv steht als *Objekt*

- abweichend vom Deutschen bei einigen Verben:
  боя́ться *mit Gen.* – sich fürchten *vor*, пожела́ть *v.* / жела́ть *mit Gen.* – *etw.* wünschen;

- anstelle des Akkusativs nach einem vollendeten transitiven Verb, wenn die Handlung *nicht den ganzen Gegenstand*, sondern nur einen Teil davon erfasst
  (Genitiv des Teils oder partitiver Genitiv – Wiedergabe im Deutschen ohne Artikel), vgl.:

купи́ть (*v.*) мя́са, овоще́й, со́ли	– Fleisch, Gemüse, Salz kaufen
Мы вы́пили (*v.*) молока́.	– Wir haben (etwas) Milch getrunken.
Aber Akk.: Мы вы́пили (*v.*) всё молоко́.	– Wir haben die ganze Milch ausgetrunken.

- häufig anstelle des Akkusativs *nach einem verneinten transitiven Verb*, vgl.:

Мы <u>не нашли́</u> ключа́.	– Wir haben den Schlüssel nicht gefunden.
Aber Akk.: Мы нашли́ ключ.	– Wir haben den Schlüssel gefunden.

- in einem verneint-unpersönlichen Satz (↗ **251**) und kennzeichnet eine *Person oder Sache, die nicht vorhanden ist*, die fehlt, vgl.:

Ви́ктора <u>нет</u> до́ма.	– Viktor ist nicht zu Hause.
Aber: Ви́ктор до́ма.	– Viktor ist zu Hause.

273 | ... bei Substantiven

Der Genitiv eines Substantivs bezeichnet einen Stoff oder Gegenstand, dessen *Maß oder Menge* durch das übergeordnete Substantiv angegeben wird
(Genitiv des Teils – Wiedergabe im Deutschen ohne Artikel), vgl.:

<u>кило́</u> я́блок	– ein Kilo Äpfel
<u>кусо́к</u> хлеба	– ein Stück Brot
<u>ча́шка</u> ча́я (*oder*: ча́ю, ↗ **114**)	– eine Tasse Tee

Vgl. engl. die of-Fügung: a kilo <u>of</u> apples, a slice <u>of</u> bread, a cup <u>of</u> tea;
franz. den Artikel de: un kilo <u>de</u> pommes, un morceau <u>de</u> pain, une tasse <u>de</u> thé.

274 | ... bei Adjektiven und Adverbien

Der Genitiv steht nach dem Komparativ eines Adjektivs (↗ **142**) oder Adverbs (↗ **204**) und bezeichnet die Person oder Sache, mit der jemand oder etwas verglichen wird:

Москва́ <u>ста́рше</u> Санкт-Петербу́рга.	– Moskau ist älter als Sankt Petersburg.
Ка́тя э́то <u>зна́ет лу́чше</u> меня́.	– Katja weiß das besser als ich.

Der Dativ bei Verben

275

Der Dativ steht als *Objekt*

- abweichend vom Deutschen bei einigen Verben:
  научи́ться *v.* / учи́ться *mit Dat.* — *etw.* lernen, studieren,
  позвони́ть *v.* / звони́ть *mit Dat.* — *jmdn. telefonisch* anrufen;

- in einem *unpersönlichen Satz* (↗ **247–250**) und bezeichnet den Urheber einer (gewünschten, geforderten) Handlung oder die von einem Zustand betroffene Person. Diesem Dativobjekt entspricht im deutschen Satz das Subjekt, vgl.:
Нам хо́чется есть.	— <u>Wir</u> möchten etwas essen.
Мне на́до (oder ну́жно) позвони́ть Ко́ле.	— <u>Ich</u> muss Kolja anrufen.

Der Akkusativ bei Verben

276

Der Akkusativ steht als *Objekt* abweichend vom Deutschen bei einigen Verben:
поблагодари́ть *v.* / благодари́ть *mit Akk.* — *jmdm.* danken,
поздра́вить *v.* / поздравля́ть *mit Akk.* — *jmdm.* gratulieren.

Der Instrumental bei Verben

277

Der Instrumental steht als *Objekt*

- bei einigen Verben und bezeichnet das *Mittel oder Werkzeug*, mit dem eine Handlung ausgeführt wird:
писа́ть карандашо́м (авторучкой)	— mit Bleistift (mit einem Füller) schreiben,
рабо́тать мо́лотом (лопа́той)	— mit dem Hammer (mit der Schaufel) arbeiten;

- bei einer Reihe weiterer Verben:
  интересова́ться *mit Instr.* — sich interessieren *für*,
  воспо́льзоваться *v.* / по́льзоваться *mit Instr.* — *etw.* verwenden, (be)nutzen;

- in einer Passivkonstruktion (↗ **80**) und bezeichnet den *Urheber einer Handlung*:
Э́та карти́на <u>нарисо́вана</u> неизве́стным худо́жником.	— Dieses Bild ist von einem unbekannten Künstler (gemalt worden).

Der Instrumental steht als *Prädikatsnomen* (↗ **230**) bei einigen Hilfsverben wie быть *mit Instr.* — *etw.* sein, стать *v.* / станови́ться *mit Instr.* — *etw.* werden, оста́ться *v.* / остава́ться *mit Instr.* — *etw.* bleiben:

278

Дед <u>был</u> врачо́м.	— Mein Großvater war Arzt.
— Кем хо́чет <u>стать</u> Сергей?	— Was will Sergej werden?
— (Он хо́чет <u>стать</u>) программи́стом.	— (Er will) Programmierer (werden).
Мы <u>оста́лись</u> друзья́ми.	— Wir sind Freunde geblieben.

... bei Adjektiven

279

Der Instrumental *schränkt den Geltungsbereich* der durch das Adjektiv bezeichneten Eigenschaft *ein*:

— Чем ты <u>недово́льна</u>, Ка́тя?	— Womit bist du unzufrieden, Katja?
— (Я <u>недово́льна</u>) свое́й вне́шностью.	— (Ich bin) mit meinem Aussehen (unzufrieden).

Быть – sein; es gibt; haben

280 | **Быть – *(jmd., etw.)* sein**

Eine Form des Hilfsverbs быть – *(jmd., etw.) sein* wird mit einem Substantiv oder einem Adjektiv verbunden (↗ **241/242**).

Substantiv als Prädikatsnomen			Adjektiv als Prädikatsnomen		
	–	студе́нт.			интере́сная.
Брат	был	шко́льником.	Рабо́та	была́	интере́сная (интере́сной).
	бу́дет	журнали́стом.		бу́дет	интере́сная (интере́сной).

— Mein Bruder ist Student, war Schüler, wird Journalist sein.

— Die Arbeit ist interessant, war interessant, wird interessant sein.

 Das *Präsens* wird ohne Hilfsverb gebildet.
Werden sowohl das Subjekt wie auch das Prädikat durch ein Substantiv ausgedrückt, so steht zwischen ihnen ein Gedankenstrich, vgl.:

Мой дя́дя – экономи́ст.
— Mein Onkel ist Wirtschaftsfachmann.

Он дире́ктор заво́да.
— Er ist Direktor eines Betriebes.

Его́ рабо́та интере́сная, но тяжёлая.
— Seine Arbeit ist interessant, aber schwer.

Die *Form von быть* stimmt mit dem Subjekt des Satzes (im Präteritum) in Geschlecht und Zahl oder (im Futur) in Person und Zahl überein.

Das als Prädikatsnomen gebrauchte *Substantiv oder Adjektiv* steht im Präsens im Nominativ, sonst im Instrumental (das Adjektiv kann auch im Nominativ stehen).

281 | **Быть – *(irgendwo)* sein, sich *(irgendwo)* befinden**

Eine Form des Vollverbs быть – *(irgendwo) sein, sich (irgendwo) befinden* wird mit einer Ortsangabe (Adverb oder Wortgruppe) verbunden (↗ **244**).

(Irgendwo) nicht sein, sich (irgendwo) nicht befinden wird unpersönlich wiedergegeben (↗ **251**): mit unveränderlichem нет (*Prät.*: не́ было, *Fut.*: не бу́дет) und dem Genitiv des Substantivs (Pronomens), das die fehlende Person oder Sache bezeichnet.

Bejahender Satz			Verneint-unpersönlicher Satz		
		до́ма.		нет	до́ма.
Лю́ба (Она́)	была́	на конце́рте.	Лю́бы (Её)	не́ было	на конце́рте.
	бу́дет	на стадио́не.		не бу́дет	на стадио́не.

— Ljuba (Sie) ist zu Hause, war im Konzert, wird im Stadion sein.

— Ljuba (Sie) ist nicht zu Hause, war nicht im Konzert, wird nicht im Stadion sein.

 Im *bejahenden* Satz
• wird das Präsens ohne Verbform gebildet:

— Где Во́ва?
— Wo ist Wowa?

— Он в гостя́х у ба́бушки.
— Er ist bei den Großeltern zu Besuch.

• stimmt die Form von быть mit dem Subjekt des Satzes (im Präteritum) in Geschlecht und Zahl oder (im Futur) in Person und Zahl überein.

Есть – es gibt

Die Form **есть** (*Prät.*: был, -á, …; *Fut.*: бýдет, бýдут) – *es gibt (mit Akk.)* wird mit einem Substantiv im Nominativ verbunden: Dieses Wort bezeichnet die vorhandene Person oder Sache.

Es gibt kein(e, -en) wird unpersönlich (↗ 251) wiedergegeben:
mit unveränderlichem **нет** (*Prät.*: нé было, *Fut.*: не бýдет) und dem Genitiv des Substantivs, das die fehlende Person oder Sache bezeichnet.

Bejahender Satz	**Verneint-unpersönlicher Satz**

В нáшем гóроде { есть / был / бýдет } теáтр.   В э́том гóроде { нет / нé было / не бýдет } теáтра.

— In unserer Stadt gibt es, gab es ein Theater, wird es ein Theater geben.

— In dieser Stadt gibt es, gab es kein Theater, wird es kein Theater geben.

Im *bejahenden* Satz wird das Präsens

- *mit* **есть** gebraucht, um das *Vorhandensein* einer Person oder Sache auszudrücken:
  - — Есть ли в вáшем гóроде теáтр?   — Gibt es in eurer Stadt ein Theater?
  - — Да, в гóроде есть теáтр. (– Да, есть.)   — Ja.
- *ohne* **есть** gebraucht, um eine *Eigenschaft* einer Person oder Sache auszudrücken:
  - — Какóй и́менно теáтр в вáшем гóроде?   — Was für ein Theater gibt es denn in eurer Stadt?
  - — (В гóроде) драмати́ческий теáтр.   — Ein Sprechtheater.

У *(mit Gen.)* есть – jmd. hat

Die Konstruktion **у** (*mit Gen*.) **есть** (*Prät.*: был, -лá; *Fut.*: бýдет, бýдут) – *jmd. hat, besitzt* wird mit einem Substantiv im Nominativ verbunden: Dieses Wort bezeichnet die vorhandene Person oder Sache. Durch die Wortgruppe у *mit Gen*. wird der Besitzer bezeichnet.

Jmd. hat kein(e, -en) wird unpersönlich wiedergegeben (↗ 251):
mit unveränderlichem **нет** (*Prät.*: нé было, *Fut.*: не бýдет) und dem Genitiv des Substantivs (Pronomens), das die fehlende Person oder Sache bezeichnet.

Bejahender Satz	**Verneint-unpersönlicher Satz**

У меня { есть / был / бýдет } большóй словáрь.   У меня { нет / нé было / не бýдет } большóго словаря́.

— Ich habe, hatte ein großes Wörterbuch, werde ein großes Wörterbuch haben.

— Ich habe, hatte kein großes Wörterbuch, werde kein großes Wörterbuch haben.

Im *bejahenden* Satz wird das Präsens

- *mit* **есть** gebraucht, um das *Vorhandensein* einer Person oder Sache auszudrücken:
  - — У тебя́ есть брат?   — Hast du einen Bruder?
  - — Да, у меня́ есть брат. (– Да, есть.)   — Ja.
- *ohne* **есть** gebraucht, um eine *Eigenschaft* oder eine Anzahl von Personen oder Sachen auszudrücken:
  - — У тебя́ два брáта?   — Hast du zwei Brüder?
  - — Да, у меня́ два брáта. (– Да, два.)   — Ja, zwei.

Können, müssen, wollen, …

Im Folgenden wird an Beispielen gezeigt, wie die deutschen Verben
brauchen, dürfen, können, mögen, müssen, sollen, wollen (auch Modalverben genannt)
im Russischen wiedergegeben werden können.

---

284 Brauchen

Jemanden, etwas brauchen, benötigen kann ausgedrückt werden durch
- ein Substantiv im Nominativ, das die benötigte Person oder Sache bezeichnet, und
- das prädikativ gebrauchte Adjektiv нужен, нужна, нужно; *Plur.* нужны (➚ **138**), das mit
  dem Substantiv in Geschlecht und Zahl übereinstimmt.

Die Person, die jemanden oder etwas braucht, wird durch ein Dativobjekt wiedergegeben.

Мне
{ нужна
нужна была
нужна будет }
ваша помощь.
— Ich
{ brauche eure Hilfe.
brauchte eure Hilfe.
werde eure Hilfe brauchen. }

Этот словарь мне очень нужен. — Dieses Wörterbuch brauche ich sehr.
Заводу нужны молодые специалисты. — Der Betrieb braucht junge Fachleute.

Nicht brauchen, nicht verpflichtet sein zu etwas kann ausgedrückt werden durch
- die unpersönlich gebrauchten prädikativen Adverbien не надо, не нужно (*mit uv. Infinitiv*)
  — *man braucht nicht* (➚ **206**).

Не надо (oder: не нужно) спешить. — Wir brauchen uns nicht zu beeilen.

---

285 Dürfen

(Nicht) dürfen wird unpersönlich (➚ **250**) durch die prädikativen Adverbien
можно — *man darf* bzw. нельзя (*stets mit uv. Infinitiv*) — *man darf nicht* ausgedrückt.
Die Person, die etwas (nicht) tun darf, wird durch ein Dativobjekt wiedergegeben.

Здесь
{ можно
нельзя }
курить.
— Hier
{ darf man
darf man nicht }
rauchen.

Можно войти? — Darf ich hereinkommen?
Больному можно было уже вставать. — Der Kranke durfte schon aufstehen.

---

286 Können

(Nicht) können, (keine) Möglichkeit haben kann ausgedrückt werden durch
- (не) смочь *v.* / мочь (*meist mit v. Infinitiv*):
  Могу помочь тебе. — Ich kann dir helfen.
  Катя не сможет (не могла) прийти. — Katja kann nicht (konnte nicht) kommen.
- die unpersönlich (➚ **250**) gebrauchten prädikativen Adverbien
  можно — *man kann* bzw. нельзя — *man kann nicht* (*meist mit v. Infinitiv*):

Здесь
{ можно
нельзя }
пройти (*v.!*).
— Hier
{ kann man
kann man nicht }
durch(-gehen).

До вокзала можно дойти пешком. — Zum Bahnhof kann man zu Fuß gehen.
Эту пословицу нельзя точно перевести. — Dieses Sprichwort kann man nicht genau
übersetzen.

Können, fähig sein, die Fähigkeit haben kann ausgedrückt werden durch
- уме́ть:
  - — Ты уме́ешь пла́вать? — Kannst du schwimmen?
  - — Да, уме́ю. *Oder:* — Нет, не уме́ю. — Ja. *Oder:* Nein.
- Präsensformen von Verben, oft mit einer Adverbialbestimmung des Maßes:
  Штéффи хорошо́ говори́т по-ру́сски. — Steffi kann (spricht) gut Russisch.

Mögen 287

Mögen, den Wunsch haben kann ausgedrückt werden durch
- Konjunktivformen von хоте́ть:
  Я хоте́л(-а) бы поговори́ть с Серге́ем. — Ich möchte mit Sergej sprechen.
- die unpersönlich gebrauchten Verbformen von хоте́ться: хо́чется, хоте́лось бы (↗ auch **247**).
  Die Person, die etwas tun möchte, wird durch ein Dativobjekt wiedergegeben.
  Нам хо́чется пойти́ на конце́рт. — Wir möchten in das Konzert gehen.
  Мне хоте́лось бы с ним познако́миться. — Ich möchte ihn gern kennenlernen.

Müssen 288

Müssen, verpflichtet sein kann ausgedrückt werden durch
- die unpersönlich gebrauchten prädikativen Adverbien на́до, ну́жно — *man muss* (↗ **250**).
  Die Person, die etwas tun muss, wird durch ein Dativobjekt wiedergegeben.
  Мне на́до (ну́жно) встре́титься с ва́ми. — Ich muss mich mit euch treffen.
  Нам на́до (ну́жно) идти́. — Wir müssen gehen.
- das prädikativ gebrauchte Adjektiv до́лжен, должна́, должно́; *Plur.* должны́ (↗ **138**).
  Mit dem Subjekt stimmt das Adjektiv in Geschlecht und Zahl überein.

  Я { до́лжен (был) / должна́ (была́) } ско́ро верну́ться *(v.!)*. — Ich muss (musste) schnell zurückkehren.

  Мы должны́ реши́ть э́тот вопро́с сего́дня. — Wir müssen diese Frage heute klären.

Müssen, gezwungen sein kann ausgedrückt werden durch
- die unpersönlich gebrauchten Verbformen von прийти́сь *v.* / приходи́ться — *müssen*:
  придётся (пришло́сь) *v.* / прихо́дится.
  Die Person, die gezwungen ist, etwas zu tun, wird durch ein Dativobjekt wiedergegeben.
  Ему́ пришло́сь уе́хать. — Er musste wegfahren.
  Нам прихо́дится ра́но встава́ть. — Wir müssen früh aufstehen.

Sollen 289

Sollen, den Auftrag, die Pflicht haben kann durch die gleichen sprachlichen Mittel ausgedrückt werden, die zur Wiedergabe von *müssen* verwendet werden (↗ oben).
Об э́том не на́до (*oder:* не ну́жно) забыва́ть. — Das sollte man nicht vergessen.
Я до́лжен (должна́) переда́ть вам э́то письмо́. — Ich soll Ihnen diesen Brief übergeben.

Wollen 290

Wollen kann durch хоте́ть oder unpersönliches хо́чется (хоте́лось) ausgedrückt werden.
Кем ты хо́чешь стать? — Was willst du werden?
Я сейча́с не хочу́ говори́ть об э́том. — Ich will jetzt nicht darüber reden.
Нам хо́чется посмотре́ть но́вый фильм. — Wir wollen uns einen neuen Film ansehen.

Orts- und Zeitangaben

Angaben des Ortes

291 | **Где? – Wo?**

в ⎫ *mit Präp.*	– in	жить в го́роде
на ⎭	– auf, an; in	сиде́ть на сту́ле; рабо́тать на заво́де

В oder на? ↗ **209**

у *mit Gen.*	– (unmittelbar) an, neben	стоя́ть у окна́
о́коло *mit Gen.*	– neben, an, bei	встре́титься (*v.*) о́коло теа́тра
ря́дом с *mit Instr.*	– neben	жить ря́дом со шко́лой
вокру́г *mit Gen.*	– rings um	сиде́ть вокру́г стола́
недалеко́ от *mit Gen.*	– unweit von	стоя́ть недалеко́ от окна́
напро́тив *mit Gen.*	– gegenüber	Напро́тив шко́лы спортплоща́дка.
перед *mit Instr.*	– vor	находи́ться перед до́мом
ме́жду *mit Instr.*	– zwischen	сиде́ть ме́жду подру́гой и бра́том
за *mit Instr.*	– hinter; an	За до́мом большо́й сад.
над *mit Instr.*	– über	Карти́на виси́т над столо́м.
под *mit Instr.*	– unter	стоя́ть под де́ревом

292 | **Куда́? – Wohin?**

в ⎫ *mit Akk.*	– in ... hinein; nach	войти́ (*v.*) в дом; е́хать в Москву́
на ⎭	– auf, an	положи́ть (*v.*) кни́гу на стол
к *mit Dat.*	– (hin) zu	плыть к бе́регу
до *mit Gen.*	– bis (zu)	плыть до бе́рега
навстре́чу *mit Dat.*	– (zueinander) entgegen	идти́ навстре́чу дру́гу
за *mit Akk.*	– hinter; an	сесть (*v.*) за стол
под *mit Akk.*	– unter	встать (*v.* – sich stellen) под де́рево
че́рез *mit Akk.*	– über, durch	перейти́ (*v.*) че́рез у́лицу
		– die Straße überqueren

293 | **Отку́да? – Woher?**

из *mit Gen.*	– aus (...heraus)	вы́йти (*v.*) из до́ма
из-за *mit Gen.*	– hinter ... hervor, von	смотре́ть из-за две́ри
от *mit Gen.*	– von (... weg)	отплы́ть (*v.*) от бе́рега
с *mit Gen.*	– von (... herunter); aus	взять (*v.*) кни́гу с по́лки

294 | **Gegenwörter**

ИЗ ↔ **В**	вы́йти (*v.*) **из** авто́буса; войти́ (*v.*) **в** авто́бус
	– aus dem Bus aussteigen, in den Bus einsteigen
ОТ ↔ **ДО**	идти́ **от** остано́вки авто́буса **до** ста́нции метро́
	– von der Bushaltestelle bis zur U-Bahn laufen
С ↔ **НА**	взять (*v.*) кни́ги **с** по́лки, поста́вить (*v.*) кни́ги **на** по́лку
	– die Bücher aus dem Regal nehmen, die Bücher in das Regal stellen

Angaben der Zeit

Когда́? — Wann?

295

в	*mit Akk.*	— *Uhrzeit*	в два часа́ (↗ **298**)
		— *Tageszeit*	в э́тот ве́чер — an diesem Abend
		— *Tag*	в понеде́льник, в сре́ду (↗ **208 — в**)
		— *größerer Zeitraum*	в на́ше вре́мя — in unserer Zeit
в	*mit Präp.*	— *Monat*	в январе́, в э́том ме́сяце
		— *Jahr*	в э́том году́, в 2010 году́ (↗ **299**)
		— *Jahrzehnt, Jahrhundert*	в двадца́тых года́х
			— in den zwanziger Jahren
			в XXI ве́ке — im 21. Jahrhundert
		— *Anfang oder Ende einer Zeiteinheit*	в нача́ле го́да — Anfang des Jahres,
			в конце́ ме́сяца — Ende des Monats
на	*mit Präp.*	— *Woche*	на э́той (на про́шлой) неде́ле
по	*mit Dat. Plur.*	— *Tag*, an dem sich etw. regelmäßig wiederholt	по понеде́льникам (↗ **208 — по**)
до	*mit Gen.*	— (*in der Zeit*) vor	до обе́да
перед	*mit Instr.*	— (*in der Zeit unmittelbar*) vor	перед обе́дом
во вре́мя	*mit Gen.*	— während	во вре́мя кани́кул
по́сле	*mit Gen.*	— (*in der Zeit*) nach	по́сле обе́да
Akk. + тому́ наза́д		— vor (*einem Zeitraum*)	неде́лю (мно́го лет) тому́ наза́д
			— vor einer Woche (vielen Jahren)
че́рез	*mit Akk.*	— nach (*einem Zeitraum*)	Он верну́лся че́рез три дня.
			— Er kehrte nach drei Tagen zurück.
		— in (*einem künftigen Zeitraum*)	Он прие́дет че́рез три дня.
			— Er kommt in drei Tagen.
спустя́	*mit Akk.*	— nach Ablauf (*eines Zeitraums*)	Он прие́хал две неде́ли спустя́.
			— Er kam zwei Wochen später.

За како́е вре́мя? — Innerhalb welcher Zeit? На како́е вре́мя? — Für wie lange?

296

за	*mit Akk.*	— innerhalb von, in	Я прочита́л(-а) (*v.!*) э́ту статью́ за 10 мину́т. — Ich habe diesen Artikel in 10 Minuten durchgelesen.
на	*mit Akk.*	— für (*einen Zeitraum*),	Он уе́хал на неде́лю.
			— Er ist für eine Woche weggefahren.
		— an (*einem Zeitpunkt*)	Он прие́хал на сле́дующий день.
			— Er kam am nächsten Tag.

С каки́х пор? — Seit wann? До каки́х пор? — Bis wann?

297

с	*mit Gen.*	— von … an; seit	занима́ться спо́ртом с де́тства
от	*mit Gen.*	— von … an	Я бу́ду до́ма от двух часо́в …
до	*mit Gen.*	— bis (zu) …	до пяти́.
с	*mit Gen.* …	— von …	с утра́ до ве́чера
… до	*mit Gen.*	— … bis (zu)	со среды́ до пя́тницы
… по	*mit Akk.*	— … bis einschließlich	со среды́ по пя́тницу

298 | **Котóрый час? Скóлько врéмени? — Wie spät ist es?**

Auf die Frage Котóрый час? oder Скóлько (сейчáс) врéмени? erfolgt die *offizielle Uhrzeitangabe* durch einfache Aneinanderreihung von Stunden- und Minutenangabe.

Auf die Frage Когдá? oder В котóром часý? — *Wann? Um wie viel Uhr?* steht в *mit Akk.* Diese Art der Zeitangabe ist unter anderem im Rundfunk und im Verkehrswesen üblich.

Beispiele

(в) час	— (um) 1 Uhr
(в) четы́ре часá две мину́ты	— (um) 4.02 Uhr
(в) пятнáдцать часóв пятнáдцать мину́т	— (um) 15.15 Uhr
(в) двáдцать часóв сóрок мину́т	— (um) 20.40 Uhr
(в) двáдцать три часá сóрок пять мину́т	— (um) 23.45 Uhr
Двáдцать оди́н час однá мину́та.	— Es ist 21.01 Uhr.
(в) двáдцать оди́н час одну́ мину́ту *(!)*	— um 21.01 Uhr

Wortgruppe „Grundzahlwort + Substantiv" ↗ **152**

 Im Alltag wird eine *umgangssprachliche Uhrzeitangabe* bevorzugt.

Auf die Frage Скóлько врéмени? wird so geantwortet:
- In der *ersten Stundenhälfte* gibt man die Minutenzahl an, die von der angebrochenen Stunde bereits verstrichen ist. Die angebrochene Stunde wird durch das Ordnungszahlwort in der männlichen Genitivform bezeichnet.
- In der *zweiten Stundenhälfte* gibt man die Minutenzahl an, die zur vollen Stunde noch fehlt. Die Minutenzahl wird durch die Wortgruppe без *mit Gen.*, die Stunde durch das Grundzahlwort im Nominativ bezeichnet.
- *Viertel nach* wird durch чéтверть *mit Gen.*, *halb* durch половúна *mit Gen.*, *Viertel vor* durch без чéтверти *mit Nom.* wiedergegeben.

Auf die Frage Когдá? steht bei der Angabe zur ersten Stundenhälfte в *mit Akk.* Die Angaben zur zweiten Stundenhälfte bleiben unverändert.

Beispiele (vgl. auch die obigen Beispiele zur offiziellen Uhrzeitangabe)

(в) час	— (um) eins
(в) две мину́ты пя́того	— (um) zwei Minuten <u>nach vier</u>
(в) чéтверть четвёртого	— (um) Viertel <u>nach drei</u>, Viertel vier
без двадцатú дéвять	— (um) zwanzig Minuten vor neun
без чéтверти двенáдцать	— (um) Viertel vor zwölf
Половúна деся́того (oder: Полдеся́того).	— Es ist halb zehn.
в половúне деся́того (oder: в полдеся́того)	— um halb zehn

Какóе сегóдня числó? — Der Wievielte ist heute?

Auf die Frage nach dem *Datum* Какóе сегóдня числó? — *Der Wievielte ist heute?* steht der Nominativ des Ordnungszahlwortes in der sächlichen Form und der Genitiv des Monatsnamens.
Als Antwort auf die Frage Когдá? Какóго числá? — *Wann? Am Wievielten?* stehen Ordnungszahlwort und Monatsname im Genitiv.

	Какóе числó?	*Какóго числá?*
1 мáрта:	пéрвое мáрта – der 1. März	пéрвого мáрта — am 1. März
15 мáрта:	пятнáдцатое мáрта	пятнáдцатого мáрта
25 мáрта:	двáдцать пя́тое мáрта	двáдцать пя́того мáрта

Auf die Frage nach dem *Jahr* Какóй год? — *Welches Jahr?*, В какóм годý? — *In welchem Jahr?* steht im Russischen — im Unterschied zum Deutschen oder Englischen — eine Ordnungszahl. Diese stimmt mit ihrem Bezugswort год in Geschlecht, Zahl und Fall überein.

	Какóй год?	*В какóм годý?*
1945 год:	ты́сяча девятьсóт сóрок пя́тый год	в ты́сяча девятьсóт сóрок пя́том годý
1990 год:	ты́сяча девятьсóт девянóстый год	в ты́сяча девятьсóт девянóстом годý
2000 год:	двухты́сячный год	в двухты́сячном годý
2015 год:	две ты́сячи пятнáдцатый год	в две ты́сячи пятнáдцатом годý

Die dem Monat folgende Jahresangabe steht immer im Genitiv.

декáбрь 2010 гóда:	декáбрь	} две ты́сячи деся́того гóда	— Dezember 2010
в декабрé 2010 гóда:	в декабрé		— im Dezember 2010

1 января́ 2015 гóда:			
пéрвое января́	} две ты́сячи пятнáдцатого гóда		— der 1. Januar 2015
пéрвого января́			— am 1. Januar 2015

In Briefen ist folgende Datumsangabe üblich:
15 октября́ 2010 г. oder 15.10.10 г. oder 15.10.2010

Скóлько тебé лет? — Wie alt bist du?

Auf die Frage nach dem *Alter* Скóлько тебé (вам) лет? — *Wie alt bist du (sind Sie)?* steht die Wortgruppe zur Altersangabe im Nominativ (1 год — 2, 3, 4 гóда — 5 … 12 … 20 лет) und das Wort, das die Person bezeichnet, deren Alter angegeben wird, im Dativ.

Мне 18 лет.	— Ich bin 18 (Jahre alt).
Емý 11 лет.	— Er ist 11 (Jahre alt).
Сестрé скóро бýдет 20 лет (21 год, 22 гóда, 25 лет).	— Meine Schwester wird bald 20 (…).
Брáту бы́ло 23 гóда (был 31 год, бы́ло 26 лет), когдá он стал инженéром.	— Mein Bruder war 23 (…), als er Ingenieur wurde.

Beispiele der Wortbildung

Die meisten russischen Wörter sind abgeleitete oder zusammengesetzte Wörter (↗ 24). Ihre Bedeutung kann man oft erschließen, wenn man ihre Bestandteile erkennt.

Im Folgenden werden wichtige, in der Gegenwartssprache lebendige Beispiele der Wortbildung von Verben, Substantiven und Adjektiven angeführt.

Abgeleitete Wörter sind nach der Bedeutung geordnet, die durch Präfixe oder Suffixe ausgedrückt wird.
Zusammengesetzte Wörter sind nach den Beziehungen geordnet, die die beiden Wortstämme zueinander haben.

In diesem Abschnitt werden *folgende Zeichen* verwendet:

> kennzeichnet den Weg der Wortbildung (von links nach rechts).
- - trennt einen wortbildenden Bestandteil, um ihn hervorzuheben.
( ) schließt eine Endung ein, um sie vom davorstehenden Suffix zu trennen.

Wortbestandteile, die im Folgenden zur Veranschaulichung durch - - oder ( ) abgetrennt sind, werden nach den Regeln der Rechtschreibung zusammengeschrieben.

Die Bildung von Verben

Zu den *Hauptarten* der Bildung von Verben gehören: **301**
• die Ableitung von einem Verbalstamm mithilfe eines *Präfixes*,
• die Ableitung von einem Wortstamm mithilfe eines *Suffixes*.

Ableitungen mithilfe von Präfixen **302**

Präfixe verändern häufig die Bedeutung des Ausgangswortes: Sie können beispielsweise eine Bewegung im Raum, den zeitlichen Verlauf, den Wirkungsgrad näher bestimmen.
Das Ausgangswort ohne Präfix ist in der Regel ein unvollendetes Verb, das mithilfe eines Präfixes abgeleitete Verb ein vollendetes Verb.

Bildung vollendeter Verben durch Präfixe ↗ auch **44**

Zu den gebräuchlichsten Präfixen gehören die folgenden:

В- (**во-** *vor* й, **въ-** *vor* е, ю, я)
• *Bewegung: wohin?* — **hinein-, herein-, ein-**
вбежа́ть *v.* — hineinlaufen, hineinrennen;
войти́ *v.* — hineingehen, eintreten; einsteigen;
въе́хать *v.* — hineinfahren

ВЫ- (Betonung ↗ **61**)
• *Bewegung: wohin?* — **hinaus-, heraus-, weg-**
вы́бежать *v.* — hinaus-, herauslaufen, hinaus-, herausrennen;
вы́йти *v.* — hinausgehen, herauskommen; aussteigen
• *Ergebnis* — **ganz, völlig, aus-**
вы́спаться *v.* — (sich) ausschlafen

ДО-
• *Bewegung: bis wohin?* — **hin- (bis)**
дое́хать *v.* (до *mit Gen.*) — fahren (bis); дойти́ *v.* (до *mit Gen.*) — gehen, kommen (bis)
• *Ergebnis* — **zu Ende, fertig-**
дочита́ть *v.* — zu Ende lesen, auslesen; дое́сть *v.* - aufessen

за-
• *Beginn* — **anfangen zu**
закрича́ть *v.* — aufschreien, anfangen zu schreien; заболе́ть *v.* — erkranken
• **im Vorbeigehen, im Vorbeifahren, kurz**
зае́хать *v.* (к *mit Dat.*)— (*jmdn.* im Vorbeifahren) kurz aufsuchen;
зае́хать *v.* (за *mit Instr.*)— (*jmdn.*) mit einem Fahrzeug abholen
• *Ergebnis (auch im Übermaß)* — **er-, ver-; zu viel, zu weit**
завоева́ть *v.* — erobern; erringen; закорми́ть *v.* — überfüttern

на-
• *Bewegung: wohin?* — **auf-, darauf-, an-**
накле́ить *v.* — aufkleben; нае́хать *v.* (на *mit Akk.*) — auffahren, stoßen (gegen)
• *Anzahl* — **viel(e)**
накупи́ть (*v.*) фру́ктов — viel Obst kaufen

над- (**надо-** *vor zwei oder mehreren Konsonanten*, **надъ-** *vor* е, ю, я)
- *Vergrößerung* — **dazu-, an-**
  надстро́ить *v.* — anbauen, aufstocken; надши́ть *v.* — annähen, verlängern
- *geringes Maß* — **(ein wenig) an-, ein-**
  надре́зать *v.* — leicht anschneiden

от- (**ото-** *vor zwei oder mehreren Konsonanten*, **отъ-** *vor* е, ю, я)
- *Bewegung: wohin?* — **weg-, fort-, ab-**
  отвезти́ *v.* — (mit einem Wagen) weg-, fortbringen; отойти́ *v.* — weggehen; abfahren
- *beseitigen* — **ab-**
  отре́зать *v.* — abschneiden; отвяза́ть *v.* — ab-, losbinden

пере-
- *Bewegung: wohin?* — **(hin)über-, um-**
  перейти́ *v.* — hinübergehen, überqueren; пересели́ться *v.* — um-, übersiedeln

по-
- *Beginn* — **anfangen zu, los-**
  пое́хать *v.* — losfahren; побежа́ть *v.* — anfangen zu laufen, loslaufen
- *Zeitabschnitt* — **eine Zeit lang, eine Weile, ein wenig**
  поговори́ть *v.* — eine Weile sprechen (reden)

под- (**подо-** *vor mehreren Konsonanten*, **подъ-** *vor* е, ё, ю, я)
- *Bewegung: wohin?* — **von unten nach oben, hoch-, empor-**
  подбро́сить *v.* — in die Höhe werfen, hochwerfen
- *Annäherung* — **nahe heran-, herbei-, hinzu-**
  подъе́хать *v.* — heran-, vorfahren; sich nähern

пред- (**предо-** *vor mehreren Konsonanten*, **предъ-** *vor* ю, я)
- **vorher-, zuvor, im Voraus**
  предви́деть *uv.* — voraus-, vorhersehen

при-
- *Bewegung: wohin?* — **herbei-, heran-**
  принести́ *v.* — (hin)bringen, herantragen; привезти́ *v.* — bringen, anliefern
- *Hinzufügen (ergänzend)* — **dazu-, hinzu-**
  приплати́ть *v.* — zu-, dazuzahlen
- *geringes Maß* — **nur ein wenig, nur etwas, leicht**
  приоткры́ть *v.* — (nur) einen Spaltbreit öffnen

про-
- *Bewegung* — *(durch etwas)* **hindurch-, durch-, vorüber-**
  проруби́ть *v.* — durchhauen, durchschlagen;
  прое́хать *v.* (10 киломе́тров) — durchfahren, zurücklegen
- *Höchstmaß* — **(gehörig, völlig, ganz) durch-**
  провари́ть *v.* — gar kochen
- *Zeitabschnitt* — **eine bestimmte Zeit lang, längere Zeit hindurch**
  проспа́ть *v.* — eine Zeit lang schlafen; verschlafen; *umgangsspr.* verpassen

раз- (разо- *vor* й, *vor zwei oder mehreren Konsonanten*, **разъ-** *vor* е, ё, ю, я
рас- *vor stimmlosem Konsonanten*)

- *Zer-, Verteilen* — **zer-, ver-, aus-**
  разби́ть *v.* — zerschlagen; разда́ть *v.* — aus-, verteilen; разосла́ть *v.* — verschicken

с- (**со-** *vor einsilbigen Wurzeln, vor Vokalen*, **съ-** *vor* е, ё, ю, я)

- *Bewegung: wohin?* — **von oben nach unten, hinunter-, herunter-**
  сбро́сить *v.* — hinunter-, hinabwerfen; сорва́ть *v.* — ab-, herunterreißen

у-

- *Bewegung: wohin?* — **weg-, fort-, davon-**
  улете́ть *v.* — weg-, fortfliegen; увезти́ *v.* — weg-, fortschaffen

Ableitungen mithilfe von Suffixen

303

Mithilfe von Suffixen werden Verben von Substantiv-, von Adjektiv- und von Verbalstämmen abgeleitet. Die meisten der so gebildeten Verben sind unvollendet.

Zu den gebräuchlichsten Suffixen gehören die folgenden:

-и-ть — **etw. tun**

рыба́к — Fischer	> рыба́чить — Fischfang treiben (*Wechsel* к : ч)
чи́стый — sauber, rein	> чи́стить — reinigen, säubern, putzen

-е-ть — **... werden** (*stets unvollendet*)

ве́чер — Abend	> вечере́ть — Abend werden
весёлый — lustig, fröhlich	> веселе́ть — lustig werden

-ну-ть — **... werden** (*stets unvollendet*)

кре́пкий — fest; stark, kräftig	> кре́пнуть — erstarken, stark werden
сухо́й — trocken; dürr	> со́хнуть — vertrocknen

-ну-ть — **einmal kurz ...** (*stets vollendet*)

крича́ть — schreien, rufen	> кри́кнуть *v.* — aufschreien, einen Schrei ausstoßen
маха́ть — winken	> махну́ть *v.* — einmal kurz winken

-ова-ть, -ева-ть, -изова-ть, -ирова-ть, -изирова-ть

бесе́да — Unterhaltung, Gespräch	> бесе́довать — sich unterhalten, ein Gespräch führen
та́нец — Tanz	> танцева́ть — tanzen
хара́ктер — Charakter, Wesen	> характеризова́ть *v. / uv.* — charakterisieren
ремо́нт — Reparatur; Renovierung	> ремонти́ровать — reparieren; ausbessern
автома́т — Automat	> автоматизи́ровать *v. / uv.* — automatisieren

Konjugation der Verben auf -овать ↗ 56

Die Bildung von Substantiven

304 Zu den *Hauptarten* der Bildung von Substantiven gehören:
- die Ableitung von einem Wortstamm mithilfe eines *Suffixes*,
- die Ableitung von einem Substantivstamm mithilfe eines *Präfixes*,
- die Zusammensetzung aus *zwei Wortstämmen*.

305 ## Ableitungen mithilfe von Suffixen

Substantive werden häufig mithilfe von Suffixen von Verben, von Adjektiven und von anderen Substantiven abgeleitet.

306 ## Suffixe zur Bezeichnung von Personen

Das Russische verfügt in der Regel über ein Suffix für die männliche und ein entsprechendes Suffix für die weibliche Person. Die weibliche Form fehlt gewöhnlich dort, wo ein Beruf bezeichnet wird, der früher ausschließlich von Männern ausgeübt wurde.

... nach ihrer Tätigkeit

-ик

поли́тика — Politik > поли́тик — Politiker, -in; хи́мия — Chemie > хи́мик — Chemiker, -in

-ист, -истк-(а)

журна́л — Zeitschrift > журнали́ст, журнали́стка — Journalist, -in
фигу́рный — mit Figuren verziert > фигури́ст, фигури́стка — Eiskunstläufer, -in

-ник, -ниц-(а)

рабо́тать — arbeiten > рабо́тник, рабо́тница — Arbeiter, -in; Mitarbeiter, -in
монта́ж — Montage > монта́жник — Monteur, монта́жница — Monteurin

-тель, -тельниц-(а)

учи́ть — lehren, unterrichten > учи́тель, учи́тельница — Lehrer, -in
посети́ть *v.* — besuchen > посети́тель, посети́тельница — Besucher, -in

-щик, -щиц-(а); -чик, -чиц-(а) (*nach* т, д, с, з)

ка́мень — Stein > ка́менщик — Maurer
компью́тер — Computer > компью́терщик *umgangsspr.*— Computerfachmann
лете́ть — fliegen > лётчик, лётчица — Flieger, -in, Pilot, -in

... nach ihrer Herkunft

-ец, -к-(а); -анец, -анк-(а)

Ряза́нь *w.* — Rjasan (*Stadt an der Oka*) > ряза́нец, ряза́нка — Einwohner(in) von Rjasan
Берли́н — Berlin > берли́нец, берли́нка — Berliner, -in
Аме́рика — Amerika > америка́нец, америка́нка — (Nord-)Amerikaner, -in

-янин, -янк-(а); -анин, -анк-(а) *nach Zischlaut*; **-чанин, -чанк-(а)**

Во́лга — Wolga > волжа́нин, волжа́нка — Bewohner, -in des Wolgagebiets (*Wechsel* г : ж)
А́нглия — England > англича́нин, англича́нка — Engländer, -in

-ич, -ичк-(а)

Москва́ — Moskau > москви́ч, москви́чка — Moskaucr, -in
Омск — Omsk > оми́ч, оми́чка — Omsker, Omskerin

... nach dem Vornamen des Vaters

Russische Personennamen bestehen aus drei Teilen: dem *Vornamen*, dem (im Deutschen nicht gebräuchlichen) *Vatersnamen* und dem *Familiennamen*.

Personennamen	Vor-	Vaters-	Familienname
des Vaters:	**Ива́н**	Никола́евич	Семёнов
seines Sohnes:	Бори́с	**Ива́нович**	Семёнов
seiner Tochter:	Ири́на	**Ива́новна**	Семёно**ва**

Der *Vatername* wird vom Vornamen des Vaters mithilfe folgender Suffixe abgeleitet:

-ович *m.*, **-овн-(а)** *w.* — wenn der endungslose Vorname auf *harten* Konsonanten endet,

-евич *m.*, **-евн-(а)** *w.* — wenn der endungslose Vorname auf *weichen* Konsonanten (й) endet,

-ич *m.*, **-(ин)-ичн-(а)** *w.* *sprich* -и[шн]а — wenn der Vorname auf -a endet.

Weitere Beispiele:

Vorname des Vaters	Vatersname des Sohnes	Vatersname der Tochter
Никола́й	Никола́евич	Никола́евна
Васи́лий	Васи́льевич	Васи́льевна
Ники́та	Ники́тич	Ники́тична
Кузьма́	Кузьми́ч	Кузьми́нична

Vor- und Vatersname bei höflicher Anrede ↗ 168

Suffixe zur Bezeichnung von Gebrauchsgegenständen   **307**

-к-(а)

откры́тый — offen > откры́тка — Postkarte; жестяно́й — Blech- > жестя́нка — Blechdose

-лк-(а)

ве́шать — (auf)hängen > ве́шалка — Kleiderhaken; Kleiderbügel
открыва́ть — öffnen; открыва́лка *umgangsspr.* — (Büchsen-, Flaschen-)Öffner

-ник

чай — Tee > ча́йник — Teekanne, Teekessel (*umgangsspr. sehr gebräuchlich unter Computer-freaks*: Laie, Anfänger)
кассе́та — Kassette > кассе́тник *umgangsspr.* — Kassettenrekorder

-льник

буди́ть — wecken; буди́льник — Wecker
холоди́ть *umgangsspr.* kühlen > холоди́льник — Kühlschrank

-тель

дви́гать — bewegen, in Bewegung setzen > дви́гатель — Motor
предохрани́ть *v.* — schützen; sichern > предохрани́тель — Sicherung (*Schutzvorrichtung*)

308 Suffixe zur Bezeichnung von Handlungen, Merkmalen, Zuständen

-б-(а)

проси́ть – bitten > про́сьба – Bitte; боро́ться – kämpfen > борьба́ – Kampf

-к-(а)

подгото́вить *v.* – vorbereiten > подгото́вка – Vorbereitung

прове́рить *v.* – überprüfen, kontrollieren > прове́рка – Prüfung, Kontrolle

-ни-(е), -ени-(е)

испо́льзовать *v./uv.* – ausnutzen, verwenden > испо́льзование – Nutzung, Verwendung

реши́ть *v.* – lösen (Aufgaben); entscheiden > реше́ние – Lösung; Entscheidung

-ость *w.*

спосо́бный – fähig; begabt > спосо́бность *w.* – Fähigkeit; Begabung

опа́сный – gefährlich > опа́сность *w.* – Gefahr

-от-(а)

до́брый – gut; gutmütig > доброта́ – Gutmütigkeit

чи́стый – sauber; sorgfältig > чистота́ – Sauberkeit; Sorgfalt

-ств-(о)

де́ти *Plur.* Kinder > де́тство – Kindheit

упо́рный – hartnäckig, beharrlich > упо́рство – Beharrlichkeit; Starrköpfigkeit

---

309 Suffixe zum Ausdruck von Zuneigung

Diese Suffixe bezeichnen eine Person oder Sache als ***klein und liebenswert***. Sie werden vor allem im vertrauten Umgang unter Gesprächspartnern gebraucht. Ihre treffende Wiedergabe im Deutschen ergibt sich gewöhnlich erst aus der Gesprächssituation.

Wichtige Suffixe zur Ableitung von Substantiven sind
• Suffixe von Substantiven der I. Deklination:

-ик, -чик; -ок, -ёк *nach weichem Konsonanten;* **-ец**

дом – Haus > до́мик – Häuschen; kleines (schönes) Haus

па́лец – Finger > па́льчик – kleiner Finger (*Wechsel* ц : ч)

брат – Bruder > бра́тик , бра́тец – (lieber) kleiner Bruder

го́род – Stadt > городо́к – kleine Stadt, Städtchen

сын – Sohn > сыно́к – (kleiner, lieber) Sohn

хлеб – Brot > хле́бец – kleines (wohlschmeckendes) Brot, *Plur.* хле́бцы – Knäckebrot

• Suffixe von Substantiven der II. oder III. Deklination:

-к-(а); -очк-(а), -ечк-(а) *nach weichem Konsonanten;* **-еньк-(а)**

гора́ – Berg > го́рка – kleiner Berg, Hügel

дочь *w.* – Tochter > до́чка – (liebe) Tochter

ва́за – Vase > ва́зочка – kleine Vase

ма́ма – Mama, Mutti > ма́мочка, ма́менька – liebe Mutti

дя́дя *m.* – Onkel > дя́дечка *m.*, дя́денька *m.* – lieber Onkel

Beispiele für Koseformen von Vornamen:

Ива́н   – *Koseformen:* Ва́ня, Ва́нечка, Ва́ненька, Ваню́ша, Ваню́шенька …

Екатери́на – *Koseformen:* Ка́тя, Катёнка, Ка́тенька, Катю́ша, Катю́шенька …

Ableitungen mithilfe von Präfixen

310

Mithilfe von Präfixen werden von Substantiven neue Substantive abgeleitet. Häufig treten internationale Elemente als Präfixe auf.

Präfixe, die öfter in der Schriftsprache auftreten, sind z. B.:

анти-	— Anti-:	антимилитари́зм — Antimilitarismus
вице-	— Vize-:	ви́це-чемпио́н — Vizemeister (*Sport*)
де-, дез-	— Ent-, De-, Des-:	декоди́рование — Dekodierung, Entschlüsselung, дезинфе́кция — Desinfektion
дис-	— nicht vorhanden, Dis-:	дисквалифика́ция — Disqualifizierung
контр-	— Gegen-, Konter-:	контрме́ра — Gegenmaßnahme
не-	— Nicht-, Un-, Miss-:	непра́вда — Unwahrheit, неуда́ча — Misserfolg
пере-	— nochmals, Neu-, Um-:	переска́з — Nacherzählung, перестро́йка — Umgestaltung
под-	— untergeordnet, Unter-:	подкоми́ссия — Unterkommission
противо-	— Gegen-, Anti-:	противоде́йствие — Gegenwirkung, Widerstand
ре-	— Neu-, Re-:	реорганиза́ция — Reorganisation, Neugestaltung
со-	— gemeinsam, Mit-:	соуча́стник — Mitbeteiligter, соа́втор — Mitverfasser
суб-	— Unter-, Sub-:	субконтине́нт — Subkontinent
супер-	— in höchstem Maße:	супершля́гер — beliebter Schlager, Hit
ультра-	— extrem, Super-:	ультразву́к — Ultraschall
экс-	— ehemalig, Ex-:	экс-чемпио́н — ehemaliger Meister (*Sport*)

Zusammensetzungen aus Wortstämmen

311

Russische Substantive werden durch Zusammensetzung zweier Wortstämme (mitunter auch zweier Wörter oder mehrerer Wortteile) gebildet. Oft werden die beiden Wortteile durch einen **Bindevokal -o- oder -e-** (nach weichem Stammauslaut) verbunden, z. B.:
экскурсово́д — Reiseleiter, -führer, домохозя́йка — Hausfrau, самолёт — Flugzeug.

Zusammengesetzte Substantive bestehen
- aus einem **Grundwort**, das die grundlegende Bedeutung, die Wortart und die Formbildung der Zusammensetzung bestimmt (z. B. экскурсово́д *m.*, домохозя́йка *w.*), und
- aus einem **Bestimmungswort**, das das Grundwort näher bestimmt und ihm vorausgeht (z. B. экскурсово́д, домохозя́йка).

Die beiden Wortteile werden zusammengeschrieben; nur das Grundwort wird dekliniert:
Есть ли вопро́сы к экскурсово́ду?   — Hat jemand Fragen an den Reiseleiter?

Zusammensetzungen sind im Deutschen häufiger als im Russischen.

Oft entspricht einem deutschen zusammengesetzten Wort im Russischen

- die Wortgruppe *Beziehungsadjektiv + Substantiv* (↗ auch **68**):
  Sommertag — ле́тний день, Winterferien — зи́мние кани́кулы,
  Hauptbahnhof — гла́вный вокза́л, Konzertsaal — конце́ртный зал;

- die Wortgruppe *Substantiv + substantivisches Attribut im Genitiv*:
  Stadtplan — план го́рода, Stadtzentrum — центр го́рода,
  Bushaltestelle — остано́вка авто́буса, U-Bahn-Station — ста́нция метро́.

312 | Zusammengesetzte Wörter mit einem Substantiv als Grundwort

Ein Substantiv kann als Grundwort zusammengesetzt sein

- mit einem weiteren *Substantivstamm*:
  желез<u>о</u>бетóн — Stahlbeton, нефт<u>е</u>промы́шленность *w.* — Erdölindustrie,
  звук<u>о</u>зáпись *w.* — Tonaufnahme, ю́г<u>о</u>-зáпад — Südwesten;

- mit einem *Adjektivstamm*:
  нов<u>о</u>стрóйка — Neubau, взаим<u>о</u>пóмощь *w.* — gegenseitige Hilfe;

- mit dem Stamm eines *Zahlwortes* oder eines *Pronomens*:
  стол<u>é</u>тие — Jahrhundert, сам<u>о</u>обслýживание — Selbstbedienung.

Viele Substantive werden mit internationalen Wortbestandteilen gebildet:
авто-, агро-, аэро-, био-, видео-, гео-, гидро-, зоо-, макро-, макси-, микро-, мини-, мото-, стерео-, теле-, термо-, фото-, электро-, ..., z. B.:
авто́трáнспорт — Kraftverkehr, аэропóрт — Flughafen, видеокассéта — Videokassette,
гидроэлектростáнция — Wasserkraftwerk, зоопáрк — Tierpark, Zoo, ми́ни-ю́бка — Minirock.

313 | Zusammengesetzte Wörter mit einem Verbalstamm als Grundwort

Auch ein Verbalstamm kann (häufig zusammen mit einem Suffix) als Grundwort mit dem Stamm eines anderen Wortes zusammengesetzt sein:
работ<u>о</u>дáтель (*vgl.* дать *v.*) — Arbeitgeber, машин<u>о</u>строéние (стрóить) — Maschinenbau,
конёк<u>о</u>бéжец (бежáть) — Schlittschuhläufer; сам<u>о</u>вáр (вари́ть) — Samowar.

314 | Kurzwörter

Ein Kurzwort wird durch Zusammensetzung verschiedener Bestandteile einer Wortgruppe gebildet. Es entsteht ein neues Wort mit eigenem grammatischem Geschlecht.

Kurzwörter können

- aus dem *Anfangsteil eines Wortes und* dem *Kernwort* der Wortgruppe bestehen:
  меди<u>ци́нская</u> <u>сестрá</u> > <u>медсестрá</u> *w.* (*Gen. Sing.* -ы́) — Krankenschwester

- aus den *Anfangsteilen von Wörtern* der Wortgruppe bestehen:
  <u>универсá</u>льный <u>магази́н</u> > <u>универмáг</u> *m.* (*Gen. Sing.* -a) — Kauf-, Warenhaus

- aus den *Anfangsbuchstaben* der einzelnen Wörter der Wortgruppe bestehen und nach dem *Lautwert* gesprochen werden:
  <u>вы́</u>сшее <u>т</u>ехни́ческое <u>у</u>чéбное <u>з</u>аведéние > <u>втуз</u> *m.*, *sprich:* [фтус] (*Gen. Sing.* -a, *sprich:* [фтýз]а) — technische Hochschule

- aus den *Anfangsbuchstaben* der einzelnen Wörter der Wortgruppe bestehen und *buchstabiert* werden.
  Das Geschlecht ergibt sich aus dem Kernwort der Wortgruppe, das Kurzwort wird nicht dekliniert:
  <u>п</u>рофессионáльно-<u>т</u>ехни́ческое <u>у</u>чи́лище > <u>ПТУ</u> *sprich:* [пэ-тэ-ý] *s.*, *nicht dekl.*
  — Berufsschule
  <u>Ф</u>едерати́вная <u>Р</u>еспýблика <u>Г</u>ермáния > <u>ФРГ</u> *sprich:* [фэ-эр-гэ́] *w.*, *nicht dekl.*
  — Bundesrepublik Deutschland, BRD

Die Bildung von Adjektiven

Zu den *Hauptarten* der Bildung von Adjektiven gehören:

315

- die Ableitung von einem Wortstamm mithilfe eines *Suffixes*,
- die Ableitung von einem Adjektivstamm mithilfe eines *Präfixes*,
- die Zusammensetzung aus *zwei Wortstämmen*.

Ableitungen mithilfe von Suffixen

316

Adjektive werden häufig mithilfe von Suffixen von Substantiven, seltener von Verben und von anderen Adjektiven abgeleitet.

Adjektive, die von Personenbezeichnungen abgeleitet sind

-ск-(ий), -еск-(ий) *nach Zischlaut,* **-овск-(ий), -ическ-(ий)**

турѝст – Tourist > турѝстский, туристѝческий – touristisch, Touristen-
друг – Freund > дрýжеский – freundschaftlich (*Wechsel* г : ж)
отéц (*Gen. Sing.* отцá) – Vater > отцóвский, отéческий (*Wechsel* ц : ч) – väterlich, Vater-
демокрáт – Demokrat > демократѝческий – demokratisch

-н-(ый), -ичн-(ый)

инженéр – Ingenieur > инженéрный – Ingenieur-
оптимѝст – Optimist > оптимистѝчный – optimistisch

Adjektive, die von Sachbezeichnungen abgeleitet sind

-н-(ый, -óй), -енн-(ый), -ивн-(ый), -ичн-(ый)

горá – Berg > гóрный – Berg-, gebirgig
рекá – Fluss > речнóй – Fluss-, Binnen- (*Wechsel* к : ч)
лекáрство – Arznei, Medizin > лекáрственный – Heil-, Arznei-
спорт – Sport > спортѝвный – Sport-
автомáт – Automat > автоматѝчный - automatisch

-ск-(ий, -óй) *und weitere Ableitungen,* ↗ *oben*

селó – Dorf > сéльский – Dorf-, Land-, ländlich
гóрод – Stadt > городскóй – Stadt-, städtisch
тéхника – Technik > технѝческий – technisch (*Wechsel* к : ч)
клѝмат – Klima > климатѝческий – klimatisch

Ableitungen mithilfe von Präfixen

317

Präfixe, die das Fehlen eines Merkmals ausdrücken

не- – **nicht, un-**

большóй – groß; bedeutend > небольшóй – klein, gering, unbedeutend
дорогóй – teuer; kostbar > недорогóй – nicht teuer, preiswert

без-, бес- *vor stimmlosem Konsonanten* – **ohne, -los, un-**

рабóта – Arbeit > безрабóтный – arbeitslos, der Arbeitslose
сѝльный – stark; kräftig > бессѝльный – kraftlos, schwach

Präfixe, die einen sehr hohen Grad eines Merkmals ausdrücken

сверх- — ein Maß überschreitend, über-

скоростно́й — Geschwindigkeits-, Schnell- > сверхскоростно́й — superschnell

супер- — in höchstem Maße, super-; ультра- — in höchstem Maße, extrem, super-

эффекти́вный — wirksam, wirkungsvoll > суперэффекти́вный — höchst effizient
мо́дный — modern, Mode- > ультрамо́дный — hochmodisch, topaktuell

Präfixe, die räumliche Beziehungen ausdrücken

внутри- — innerhalb, inner-; вне- — außerhalb, außer-

городско́й — städtisch, Stadt- > внутригородско́й — innerstädtisch
шко́льный — Schul- > внешко́льный — außerschulisch

меж(ду)- — zwischen, inter-; за- — jenseits

наро́дный — Volks-; national > междунаро́дный — international
океа́нский — Ozean- > заокеа́нский — überseeisch, Übersee-

над- — über etwas befindlich, oberhalb; под- — unter etwas befindlich, unterhalb

земно́й — Erd-, irdisch > надзе́мный — überirdisch > подзе́мный — unterirdisch

318 | Zusammensetzungen aus Wortstämmen

Russische Adjektive werden — wie Substantive — durch Zusammensetzung zweier Wortstämme gebildet (↗ 311). Das Bestimmungswort am Wortanfang ist der Stamm eines Adjektivs, eines Substantivs, eines Pronomens oder der Genitiv eines Zahlwortes.

Die beiden Wortteile können einander *nebengeordnet* sein (in der Bedeutung ... und ...). Beide Teile sind dann betont; in der Schrift sind sie durch einen Bindestrich verbunden:
чёрно-бе́лый — schwarz-weiß
ру́сско-неме́цкий — russisch-deutsch
нау́чно-популя́рный — populärwissenschaftlich

Häufig schränkt das Bestimmungswort die Bedeutung des Grundworts ein; das Bestimmungswort ist dem Grundwort bedeutungsmäßig *untergeordnet*. Das zusammengesetzte Adjektiv hat nur einen Hauptakzent, und beide Wortteile werden zusammengeschrieben:
железнодоро́жный — Eisenbahn- (*vgl.* желе́зная доро́га)
огнеопа́сный — feuergefährlich (*vgl.* ого́нь, *Gen. Sing.* огня́ — Feuer)
общедосту́пный — für alle erschwinglich, zugänglich; allgemein verständlich
самостоя́тельный — selbstständig
двухко́мнатный — Zweizimmer-

Deutschsprachiges Register

Das Register enthält
- Fachausdrücke, die in dieser Russischen Grammatik verwendet werden, und
- einige *kursiv* gesetzte Wörter, deren Übersetzung ins Russische Aufmerksamkeit erfordert.

Mehrwortbenennungen sind stets unter dem Substantiv erfasst: *Prädikative Adverbien* suche unter *Adverbien: prädikative ~*. Die Tilde (~) ersetzt jeweils das farbig gedruckte Stichwort. Zahlen verweisen (wenn nicht anders vermerkt) auf die Leitzahlen am Seitenrand.

Russischsprachiges Register

Das Register enthält ausgewählte russische Wörter und Wortformen, die grammatische Besonderheiten aufweisen.
Zahlen verweisen stets auf die Leitzahlen am Seitenrand.

Unregelmäßige Verben ↗ **99**
Verben, die im Russischen und Deutschen unterschiedliche Fälle regieren ↗ Seite **160**
Präpositionen ↗ **208**

Russische und deutsche Verben, die unterschiedliche Fälle regieren

Aufgeführt werden:
- das *russische Verb* im Infinitiv (bei Aspektpaaren in der Folge *vollendeter / unvollendeter Aspekt*) und der von ihm regierte **Fall** (ohne Präposition oder mit Präposition),
- das entsprechende *deutsche Verb* und der von ihm regierte **Fall**,
- russische *Anwendungsbeispiele* in Form von Wortgruppen.

Das Stichwort wird durch ~ ersetzt.

Б **бежа́ть** *zielger.*, **бе́гать** *nicht zielger.* **по** *mit Dat.* — *etw.* entlang laufen: ~ по у́лице

благодари́ть → **поблагодари́ть** *v.*

боле́ть *mit Instr.* — krank sein, leiden *an etw.*: ~ гри́ппом;
  боле́ть за *mit Akk.* — begeisterter Anhänger sein von *jmdm., etw.*: ~ за свою́ кома́нду

боя́ться *mit Gen.* — sich fürchten *vor jmdm., etw.*: ~ соба́к, ~ вопро́сов

брать → **взять** *v.*; **бра́ться** → **взя́ться** *v.*

быть *mit Instr.* — *jmd., etw.* sein ↗ **278, 280**

В **ве́рить** → **пове́рить** *v.*

взять *v. /* **брать** *mit Akk. der Sache und* **у** *mit Gen. der Person* — sich *etw.* holen, leihen von *jmdm.*: ~ кни́гу у дру́га

взя́ться *v. /* **бра́ться за** *mit Akk.* — sich an *etw.* machen, *etw.* in Angriff nehmen: ~ за но́вую рабо́ту, ~ за кни́гу

владе́ть *mit Instr.* — *etw.* besitzen, beherrschen: ~ до́мом, ~ иностра́нными языка́ми

воспо́льзоваться *v. /* **по́льзоваться** *mit Instr.* — *etw.* verwenden, (be)nutzen: ~ словарём, ~ сове́том, ~ свои́ми права́ми

вспо́мнить *v. /* **вспомина́ть** *mit Akk. oder* **о** *mit Präp.* — sich erinnern an *jmdn., etw.*: ~ ба́бушку *oder* о ба́бушке, ~ а́дрес, ~ но́мер телефо́на

встре́тить *v. /* **встреча́ть** *mit Akk.* — *jmdm.* begegnen, *jmdn.* treffen, *jmdn.* empfangen: ~ знако́мого на у́лице, ~ арти́стов аплодисме́нтами

вы́йти *v. /* **выходи́ть за́муж за** *mit Akk.* — *einen Mann* heiraten: ~ за врача́

Г **говори́ть о** *mit Präp.* — sprechen, reden über *jmdn., etw.*, von *jmdm., etw.*: ~ о худо́жнике, ~ о свои́х пла́нах

горди́ться *mit Instr.* — stolz sein *auf jmdn., etw.*: ~ бра́том, ~ реко́рдом

гото́вить → **подгото́вить** *v.*; **гото́виться** → **подгото́виться** *v.*

Д **доби́ться** *v. /* **добива́ться** *mit Gen.* — *etw.* erreichen, *uv.*: *etw.* zu erreichen versuchen: ~ успе́хов, ~ высо́ких результа́тов

ду́мать о *mit Präp.* — denken an *jmdn., etw.*: ~ о дру́ге, ~ о бу́дущем

Ж **ждать** *mit Akk. oder Gen.*[1] — warten *auf jmdn., etw.*: ~ сестру́, ~ госте́й; ~ по́езд из Москвы́, ~ по́езда

жела́ть → **пожела́ть** *v.*

жени́ться *v. / uv.* **на** *mit Präp.* — *eine Frau* heiraten: ~ на медсестре́

З **заболе́ть** *v. /* **заболева́ть** *mit Instr.* — erkranken *an etw.*: ~ анги́ной

забо́титься → **позабо́титься** *v.*

забы́ть *v. /* **забыва́ть** *mit Akk. oder* **о** *mit Präp.* — *jmdn., etw.* vergessen: ~ а́дрес, ~ фами́лию, ~ о са́мом гла́вном

зави́сеть от *mit Gen.* — abhängen von *jmdm., etw.*: ~ от роди́телей

заня́ться *v. /* **занима́ться** *mit Instr.* — sich *jmdm., einer Sache* widmen, sich beschäftigen mit *etw.*, *etw.* lernen, studieren: ~ детьми́, ~ фи́зикой, ~ иностра́нными языка́ми

защити́ть *v. /* **защища́ть** *mit Akk. und* **от** *mit Gen.* — *jmdn., etw.* verteidigen gegen *jmdn., etw.*, schützen vor *jmdm., etw.*: ~ де́вушку от хулига́нов, ~ глаза́ от со́лнца